KURZE EINFÜHRUNGEN
IN DIE GERMANISTISCHE LINGUISTIK

Band 22

Herausgegeben von
Jörg Meibauer
und
Markus Steinbach

JÜRGEN PAFEL

Referenz

Universitätsverlag
WINTER
Heidelberg

Bibliografische Information der Deutschen Nationalbibliothek

Die Deutsche Nationalbibliothek verzeichnet diese Publikation
in der Deutschen Nationalbibliografie;
detaillierte bibliografische Daten sind im Internet
über *http://dnb.d-nb.de* abrufbar.

ISBN 978-3-8253-4729-1

Imprimé en Allemagne · Printed in Germany
Umschlaggestaltung: Klaus Brecht GmbH, Heidelberg
Druck: Memminger MedienCentrum, 87700 Memmingen

Gedruckt auf umweltfreundlichem, chlorfrei gebleichtem
und alterungsbeständigem Papier

Den Verlag erreichen Sie im Internet unter:
www.winter-verlag.de

www.kegli-online.de

Vorwort

Referenz ist ein Begriff, der in der Semantik und der Pragmatik unentbehrlich ist. Als Sprecher beziehen wir uns mit Ausdrücken auf Gegenstände – dies wird Sprecher-Referenz genannt. Und Ausdrücke bzw. Vorkommen von Ausdrücken bezeichnen Gegenstände – dies wird semantische Referenz genannt. Die Natur und das Verhältnis dieser beiden Formen von Referenz steht im Zentrum dieser Einführung, die die vielfältigen Fragestellungen, die das Phänomen der Referenz aufwirft, vorstellt, zentrale Gegenstandsbereiche von referenziellen Ausdrücken eingehend empirisch behandelt und in unterschiedliche Analysevorschläge und Theorieansätze einführt.

Nach der Vorstellung der grundlegenden Begrifflichkeiten und nach einem Überblick darüber, worauf referiert werden kann, werden Sprecher-Referenz einerseits und semantische Referenz andererseits eingehend in den Blick genommen. Während die Sprecher-Referenz als sprachliche Tatsache unkontrovers ist, gibt es, was die semantische Referenz angeht, in der Forschung keine Einigkeit darüber, worin sie genau besteht und was ihr Verhältnis zur Sprecher-Referenz ist. Wie wir sehen werden, spricht einiges dafür, dass beide Formen der Referenz unverzichtbar sind für ein umfassendes Verständnis des Phänomens der Referenz und dass sich keine Form auf die andere zurückführen lässt.

Die verschiedenen Facetten der semantischen Referenz zeigen sich, wenn wir die verschiedenen Typen von referenziellen Ausdrücken eingehend empirisch und theoretisch behandeln. Es wird dabei deutlich werden, dass sich fast alle Typen von referenziellen Ausdrücken semantisch als sogenannte ‚definite Beschreibungen' (›der/die/das so-und-so‹) analysieren lassen, wobei die unterschiedlichen Arten von Beschreibungen zu der Vielfalt an referenziellen Ausdrucksmöglichkeiten führt. Die Kategorie der definiten Beschreibung ist also von zentraler Bedeutung. Wie wir sehen werden, ist diese Kategorie aber auch Gegenstand einer über hundertjährigen, immer noch andauernden Kontroverse, einer Kontroverse, die unmittelbar Auswirkungen hat auf die Frage, welche Typen von Ausdrücken überhaupt referenzielle Ausdrücke sind.

Die Lösungen zu den immer wieder eingestreuten Aufgaben sowie die vollständige Bibliographie findet man unter www.kegli-online.de.

Meinen Dank an die Reihenherausgeber für ihre Verbesserungsvorschläge sowie an alle, die sich mit mir in etlichen Veranstaltungen mit der Thematik befasst haben.

Inhaltsverzeichnis

1. Was ist Referenz? Vorklärungen

1.1 Sprecher-Referenz und semantische Referenz

Wenn wir über eine bestimmte Person reden wollen, liegt es nahe, ihren Namen zu verwenden, sofern wir ihn kennen. Mit ihrem Namen können wir uns in einer Aussage auf sie beziehen, auf sie Bezug nehmen, auf sie referieren. Wenn die Person sich in einem Gespräch mit uns befindet, werden wir uns mit *du* oder *Sie* auf sie beziehen, wir wählen dann also ein Personalpronomen, um auf die Person zu referieren. Wenn wir uns auf einem Empfang befinden und die Person noch gar nicht kennen, können wir unseren Gesprächspartner auf sie aufmerksam machen, indem wir uns mit *diese Person* auf sie beziehen. Dann ist ein Demonstrativum der Ausdruck unserer Wahl für die Referenz.

Sich mit einem Ausdruck auf eine Person, auf einen ‚Gegenstand' (im allgemeinsten Sinne) zu beziehen, das ist etwas Alltägliches, das in jeder natürlichen Sprache möglich ist und über das sich jede Sprecherin einer Sprache im Allgemeinen auch bewusst ist, so dass es kein Wunder ist, dass im Deutschen mit *sich beziehen auf* ein alltagssprachlicher Ausdruck für dieses Phänomen zu Verfügung steht, das fachsprachlich **Sprecher-Referenz** genannt wird. Dass man die Sprecher-Referenz(en) versteht, ist bei fast allen Äußerungen eine Voraussetzung, um sie zu verstehen. Zu fragen „Wen meinst du?", „Wen meint sie mit ‚unser innovativster Kollege'?" liegt nahe, wenn man nicht versteht, auf wen sich jemand mit einem Ausdruck bezieht. Sprecher-Referenz ist auch für den Spracherwerb und dabei insbesondere für den Bedeutungserwerb von entscheidender Bedeutung; die Zeigegeste scheint onto- wie phylogenetisch der Vorläufer der Sprecher-Referenz zu sein.

Ein typischer Fall von Sprecher-Referenz liegt in einer Kommunikationssituation wie der folgenden vor. Eine Sprecherin hat einen bestimmten Gegenstand vor Augen, vor dem ‚inneren' Auge (im Englischen: *has it in mind*), sie besitzt eine konkrete ‚Vorstellung' von diesem Gegenstand und möchte durch die Wahl bestimmter Ausdrücke die Adressaten dazu bringen, dass auch sie den Gegenstand vor Augen bzw. eine konkrete Vorstellung von dem Gegenstand haben. Die Intention der Sprecherin ist erfüllt, wenn die Adressaten denselben Gegenstand vor Augen haben, an denselben Gegenstand denken. Das Vor-Augen-Haben bzw. die Vorstellung des Gegenstandes ist dabei episodisch zu denken, als zeitlich lokalisierbar. Im Folgenden sei von ‚Sprecher-Referenz mit Bekanntschaft' die Rede, wenn wir diese Kommunikationssituation meinen.

Neben der Sprecher-Referenz gibt es eine zweite Art der Referenz, bei der es sich um eine Beziehung zwischen Ausdrücken (genauer: Vorkommen von Ausdrücken) und Gegenständen handelt: Ausdrücke bezeichnen (denotieren) Gegenstände bzw. referieren auf sie. Diese Verwendung von *bezeichnen* bzw. *referieren* ist nicht alltagssprachlich, sondern gehört der Fachsprache der Semantik an. Mit ihr bezieht man sich auf das Phänomen der **semantischen Referenz**. Während wir es bei der semantischen Referenz mit einer Relation zwischen Ausdrücken und Gegenständen zu tun haben, ist die Sprecher-Referenz eine Handlung, zu der der Sprecher, die Adressaten, ein Ausdruck und ein Gegenstand gehören. Dies bedeutet, dass wir das Verb *referieren* auf zwei Weisen verwenden können: vierstellig als ein Handlungsprädikat mit Sprecher, Adressat, Ausdruck und Gegenstand, sowie zweistellig als Ausdruck für eine Relation zwischen Ausdruck und Gegenstand. Im ersten Fall können wir *referieren* mit *sich beziehen auf* wiedergeben, im zweiten Fall mit *bezeichnen* (oder *denotieren*). Das Substantiv *Referenz* hat auch diese beiden Verwendungsweisen, es bezeichnet eine Handlung oder eine Relation, und mit *Referent* ist im linguistischen Kontext entweder der Gegenstand gemeint, den ein Ausdruck bezeichnet, oder der Gegenstand, auf den sich ein Sprecher bezieht. Mit *Sprecher-Referenz* bzw. *Sprecher-Referent* und *semantischer Referenz* bzw. *semantischer Referent* wird eindeutig, was gemeint ist.

Es ist eine der grundlegenden Fragen der Referenztheorie, wie sich semantische und Sprecher-Referenz zueinander verhalten.

Die Anfangsbeispiele zeigen uns, dass die Wahl der Ausdrücke (Eigennamen, Personalpronomen, Demonstrativum etc.) bei der Sprecher-Referenz vielfältig von der Kommunikationssituation abhängen, von der Beziehung zu den Gesprächspartnern, von unserem und deren Wissen und von anderem. Diesen unterschiedlichen Weisen, sich auf Gegenstände beziehen zu können, werden wir uns intensiv widmen (siehe §§ 5 bis 8).

Mit Referenz kommt die Beziehung zwischen Sprache und Welt in den Fokus, und mit ihr die Frage, wie es möglich ist, dass wir uns mit Sprache auf die Welt beziehen können.

1.2 Referenz und Prädikation

Oft werden Referenz und Prädikation als zwei sich ergänzende Handlungen konzipiert: In einem einfachen Subjekt-Prädikat-Satz wie *Beethoven trank* beziehen wir uns mit dem (referenziellen) Term auf einen Gegenstand und charakterisieren mit dem Prädikat diesen Gegenstand auf eine bestimmte Weise. Mit Hilfe von Eigennamen, Pronomen, Demonstrativa etc. referieren wir, mit Hilfe von Verben, Adjektiven etc. prädizieren wir (siehe Searle 1969).

Bei einer solchen Gegenüberstellung von Referenz und Prädikation kann Referenz nur als Sprecher-Referenz verstanden werden. Denn es ist gängige Praxis, nicht nur bei (referenziellen) Termen, sondern auch bei der großen Gruppe der Prädikate (die Verben, Adjektive, Substantive und Präpositionen umfasst) sowie bei Sätzen von semantischer Referenz zu sprechen. Eine solche weite Anwendung des Begriffs der Referenz finden wir vor allem in der ‚logischen Semantik', die von den Philosophen und Logikern Gottlob Frege, Bertrand Russell und Ludwig Wittgenstein ihren Ausgang nahm. Bei Frege etwa bezeichnen unterschiedslos Eigennamen, Prädikate und Sätze etwas, auch wenn sich die Arten von Dingen, die bezeichnet werden, typischerweise markant unterscheiden.

Ob eine solche weite Anwendung des Begriffs der semantischen Referenz sinnvoll ist, werde ich hier nicht diskutieren, wir werden uns ausschließlich mit semantischer Referenz in Bezug auf (referenzielle) Terme befassen.

1.3 Referenz und Quantifikation

Eigennamen, Personalpronomen und Demonstrativa sind prototypische Beispiele für **referenzielle Terme**, für Ausdrücke, die einen oder mehrere Gegenstände bezeichnen bzw. dafür gemacht scheinen, dass Sprecher sich mit ihnen auf Gegenstände beziehen können. Wir werden im Weiteren einfach von ‚Termen' reden und sowohl singuläre wie plurale Terme darunter verstehen (also beispielsweise *du* sowohl wie *ihr*, *diese Person* sowohl wie *diese Personen*).

Terme sind der zentrale Gegenstandsbereich der Referenztheorie. Damit ist es entscheidend, zu wissen, welche Ausdrücke Terme sind, welche nicht. Bei Termen handelt es sich um Nominalphrasen (je nach Theorie entweder NPs oder DPs – D = Determinativ). Doch nicht alle Nominalphrasen sind Terme. Ausdrücke wie *jeder Mensch*, *die meisten Tiere*, *viele Pflanzen*, *kein Mineral* bezeichnen nichts, sie sind keine Terme, sondern Quantoren.

Der besondere Status der Quantoren ist schon früh gesehen worden. In Homers *Odyssee* gelingt es Odysseus, dem dummen einäugigen Zyklopen Polyphem auf dessen Frage, wie er denn hieße, „Niemand" als Antwort zu geben, so dass der Zyklop – von Odysseus und seinen Gefährten später mit einem Pfahl in seinem Auge geblendet – seine Kumpane vergeblich mit *Niemand hat mich geblendet* um Hilfe ruft. Aristoteles hat in *Peri hermeneias* (‚Über den Satz') auf das besondere Verhalten der Quantoren zur Negation aufmerksam gemacht. Auch wenn der besondere Status der Quantoren schon früh gesehen wurde, hat es lange gedauert, bis man sich von der Vorstellung hat lösen können, dass Quantoren in irgendeiner Form etwas bezeichnen. Erst Gottlob Frege ist dies 1879 in seiner *Begriffsschrift* gelungen, die die erste vollständige Aussagen- und Prädikatenlogik überhaupt darstellt. Geach ([1962][3] 1980) hat diese Entwicklung nachgezeichnet und Kriterien zur Identifikation von Quantoren in der Nachfolge von Frege herausgearbeitet.

Quantoren sind anders als Terme **negationssensitiv**: Während die beiden Sätze *Max hat Marie nicht eingeladen* und *Es ist nicht der Fall, dass Max Marie eingeladen hat* gleichbedeutend sind (‚logisch äquivalent'), sind dies die beiden folgenden Sätze nicht:

(1) a. Max hat einige von uns nicht eingeladen.
b. Es ist nicht der Fall, dass Max einige von uns einladen hat.

Es macht semantisch einen Unterschied, ob die Negation *nicht* vor oder nach dem Quantor *einige von uns* steht:

(1') a. Max hat [einige von uns] <u>nicht</u> eingeladen.
b. Es ist <u>nicht</u> der Fall, dass Max [einige von uns] eingeladen hat.

Bei Termen dagegen macht es semantisch keinen Unterschied, ob die Negation vor oder nach dem Term steht.

Negationssensitivität ist ein sicheres Kriterium, um Quantoren zu identifizieren, nur ist es nicht immer anwendbar. Dann kann man sich den Umstand zunutze machen, dass es typischerweise bei dem gleichzeitigen Auftreten von mehreren Quantoren zu unterschiedlichen Lesarten kommt je nachdem, welcher Quantor dem anderen vorangeht (**Quantorensensitivität**):

(2) a. Max hat jedes Mal einige von uns eingeladen.
b. Max hat einige von uns jedes Mal eingeladen.

Mit *jedes Mal* und *einige von uns* kommen in den beiden Sätzen zwei Quantoren vor. Wie man sieht, haben die Sätze unterschiedliche

Lesarten, was darauf zurückzuführen ist, dass die Quantoren in unterschiedlicher Reihenfolge auftreten (genauer gesagt, kommt es zu einem Skopusunterschied). Nichts dergleichen zeigt sich, wenn wir den Quantor *einige von uns* durch den Term *Marie* ersetzen: *Max hat jedes Mal Marie eingeladen* und *Max hat Marie jedes Mal eingeladen.*

Zudem sind Quantoren auch **koordinationssensitiv**: Ob ich sage *Marie ist enttäuscht und wütend* oder *Marie ist enttäuscht und Marie ist wütend*, das macht semantisch keinen Unterschied, doch bei einem Quantor anstelle des Terms kann das einen großen Unterschied machen:

(3) a. Einige sind enttäuscht und wütend.
b. Einige sind enttäuscht und einige sind wütend.

Damit verfügen wir über Kriterien, um herauszufinden, ob etwas ein Term oder ein Quantor ist (vgl. Pafel 2005: § 1.2.1). Dies wird im Folgenden immer wieder von Relevanz sein, da die Forschung sich oft nicht einig ist, ob etwas ein Term oder ein Quantor ist.

Es ist nun nicht so, dass man den Unterschied zwischen Termen und Quantoren damit erklären könnte, dass Terme Einzeldinge, Quantoren aber ‚Vielheiten' bzw. ‚Pluralitäten' bezeichnen würden. Dies kann man schlaglichtartig an dem Kontrast zwischen *die beiden Philosophen* und *beide Philosophen* deutlich machen. Die beiden folgenden Sätze sind gleichbedeutend, sind logisch äquivalent:

(4) a. Es sind die beiden Philosophen nicht eingeladen worden.
b. Es ist nicht der Fall, dass die beiden Philosophen eingeladen worden sind.

Die Nominalphrase *die beiden Philosophen* im Plural verhält sich also wie ein Term. Im Kontrast dazu sind die beiden Sätze in (5) nicht logisch äquivalent:

(5) a. Es sind beide Philosophen nicht eingeladen worden.
b. Es ist nicht der Fall, dass beide Philosophen eingeladen worden sind.

Wenn einer der beiden Philosophen eingeladen worden, der andere aber nicht, dann ist Satz (5a) falsch, Satz (5b) aber wahr. Also können die beiden Sätze nicht gleichbedeutend sein. Die Nominalphrase *beide Philosophen* ist negationssensitiv, also ein Quantor. Ihr Status als Quantor kann sich nicht daraus erklären, dass die Nominalphrase nicht nur einen, sondern zwei Gegenstände bezeichnet – denn sonst müsste sich die Nominalphrase *die beiden Philosophen* genauso verhalten. Quantoren bezeichnen – im Unterschied zu Termen – nichts (auch keine Mengen). Dies erklärt auch den Kontrast zwischen *die beiden* und *beide*, der sich bei Rechtsversetzung und Partitivkonstruktionen zeigt:

(6) a. Wir haben sie eingeladen, die beiden Philosophen.
b. ??Wir haben sie eingeladen, beide Philosophen.

(7) a. einer der beiden Philosophen (/von den beiden Philosophen)
b. ??einer beider Philosophen (/von beiden Philosophen)

Der Begriff der Referenz, der für die Unterscheidung zwischen Termen und Quantoren einschlägig ist, ist der Begriff der semantischen Referenz. Wie wir später sehen werden (§ 3.1), kann Sprecher-Referenz im Unterschied zur semantischen Referenz nicht nur bei Termen, sondern durchaus auch bei Quantoren vorkommen.

Aufgabe 1: Term oder Quantor? Überprüfen Sie jeden der folgenden Ausdrücke auf Quantorenstatus, indem sie Negationssensitivität und Quantorensensitivität überprüfen: *Marias Oma*; *genau fünf Aufgaben*; *diese Stühle*; *etwas*; *keine Aufgabe*

1.4 Referenz und definite Beschreibung

Die Semantik von Nominalphrasen, die mit dem definiten Artikel beginnen (wie *die erste Bundestagssitzung*, *das Protokoll*, *die Bundeskanzlerin*), ist seit den Anfängen der logischen Semantik ein umstrittenes Gebiet. Frege (1892) war der Auffassung, dass es sich bei diesen Nominalphrasen um Ausdrücke handelt, die Gegenstände bezeichnen, also, in unserer Redeweise, um Terme. Russell (1905) ist der konträren Auffassung, dass solche Nominalphrasen Quantoren sind. Diese Kontroverse ist bis heute nicht beigelegt.

Russell hat den Terminus *definite description* für diese Nominalphrasen geprägt (dt. *definite Beschreibung*, auch *Kennzeichnung*). Unter einer **definiten Beschreibung** seien im Folgenden ganz allgemein Ausdrücke verstanden, die sich semantisch in einen ‚Definitheitsoperator' und ein Prädikat zerlegen lassen. Bei Nominalphrasen mit dem definiten Artikel ist der Artikel der Definitheitsoperator und das Nomen (zusammen mit seinen Attributen) das (komplexe) Prädikat. Je nach Auffassung bilden beide zusammen einen Term (wie bei Frege) oder einen Quantor (wie in der Nachfolge von Russell). Siehe genauer unten in §§ 5.2 und 5.3.

Der Terminus *definite Beschreibung* ist damit rein semantisch definiert über die Zerlegbarkeit in einen Definitheitsoperator und ein Prädikat. Damit können auch Nominalphrasen, die nicht mit einem definiten Artikel beginnen, definite Beschreibungen sein, auch Wortgruppen anderer syntaktischer Kategorien wie insbesondere Sätze.

1.5 Äußerungskontext, Bekanntschaft und Salienz

Referenz ist ein Phänomen, das sich lokalisieren lässt in der Sprech- bzw. Äußerungssituation. Eine solche Situation besteht aus einer konkreten Äußerung (mündlicher, schriftlicher, gestischer Art), dem Sprecher und den Adressaten sowie aus Zeitpunkt und Ort der Äußerung. Der **Kontext der Äußerung** besteht zum ersten aus den Gegenständen, die Sprecher und Adressat ‚**situativ bekannt**' sind, d.h. die in der Äußerungssituation wahrnehmbar oder in der unmittelbar vorangegangenen Gesprächsphase Thema gewesen sind (auch die Elemente der Äußerungssituation gehören mit dazu). Zum Äußerungskontext gehören zum zweiten die sonstigen den Gesprächsteilnehmern bekannten Gegenstände, die ihnen **‚allgemein bekannten'** Gegenstände.

Ein Gegenstand ist für die Gesprächsteilnehmer **salient**, wenn er ihnen (situativ oder allgemein) bekannt ist und in einem gewissen Ausmaß auffällig bzw. relevant ist. Damit handelt es sich bei Salienz um eine graduelle Eigenschaft, Gegenstände können auffälliger bzw. relevanter sein als andere. Ein Gegenstand ist nur dann ‚in einer Äußerungssituation salient', wenn er situativ bekannt ist.

Wir haben damit zwei Formen von ‚kognitivem Status' (von Gegenständen) definiert: situative Bekanntschaft und allgemeine Bekanntschaft. In der Literatur werden kognitive Status mitunter noch deutlich stärker differenziert: Siehe die ‚Gegebenheitshierarchie' von Gundel et al. (1993) sowie die ‚Zugänglichkeitsskala' von Ariel (1990).

Die **gemeinsame Wissensbasis** (engl. *common ground*) umfasst zusätzlich zu dem Kontext der Äußerung noch das spezielle und allgemeine gemeinsame Wissen von Sprecher und Adressat. (Der Ausdruck *common ground* geht zurück auf Robert Stalnaker und Herbert H. Clark.).

Diese terminologischen Festlegungen sollen die Richtung angeben, es handelt sich nicht um wasserdichte Definitionen.

Grundbegriffe: Term, Quantor, definite Beschreibung, Salienz, Bekanntschaft, gemeinsame Wissensbasis

Weiterführende Literatur: Zu Referenz allgemein: Abbott (2010: § 1), Huang (^{2}2014: §§ 6.1, 6.2). Zu Term vs. Quantor: Pafel/Reich (2016: Kap. II.2.4).

2. Worauf kann man referieren?

Man kann auf alles, was es gibt, referieren, sollte man denken. Und die Frage, was es alles gibt, ist keine Frage, die Linguistik oder Sprachphilosophie beantworten müssen. Doch spielen ontologische Fragen, d.h. Fragen nach dem, was es gibt, seit Beginn der Reflexion über Sprache keine unwichtige Rolle. Bereits die Grundstruktur eines einfachen Subjekt-Prädikat-Satzes wirft ontologische Fragen auf: ›Ein Gegenstand weist eine Eigenschaft auf‹, ›Ein Gegenstand fällt unter einen Begriff‹ – dies sind geläufige Beschreibungen dieser Grundstruktur, die die Frage aufwerfen, was ein Begriff bzw. eine Eigenschaft ist. Aus dieser Frage ist der Universalienstreit hervorgegangen, die Frage, ob Begriffe bzw. Eigenschaften abstrakte Entitäten sind oder nicht doch konkrete Entitäten. Wenn die semantische Analyse (nicht nur die eines einfachen Subjekt-Prädikat-Satzes) ergibt, dass ein Satz eine Proposition, einen Sachverhalt od-er eine Situation ausdrückt – was genau sind dann Propositionen, Sachverhalte, Situationen? Weitere sprachliche Konstruktionen werfen ontologische Fragen auf. Braucht man, um die adverbiale Verbmodifikation (wie in *schnell laufen*) adäquat analysieren zu können, den Bezug auf Ereignisse bzw. die Vollzugsweise von Ereignissen? Braucht man, um adverbiale Adjektivmodifikation (wie in *sehr schnell*) adäquat analysieren zu können den Bezug auf die Grade, in der sich eine Eigenschaft ausprägen kann? Siehe Moltmann (2017) zu einem allgemeinen Überblick über die ontologischen Fragen, die die Analyse natürlicher Sprachen stellen.

Da wir uns hier mit Referenz von Nominalphrasen beschäftigen, können wir diese Fragen beiseitelassen. Doch auch Plural, Generizität und Kontinuativa werfen ontologische Fragen auf.

2.1 Einzeldinge, Pluralitäten, Gattungen, Substanzen

Es muss nicht weiter betont werden, dass wir auf Einzeldinge beliebiger Art, konkrete wie abstrakte, referieren können. Sei dies ein Sofa, die Bundeskanzlerin, ein Gerichtsurteil, ein Vulkanausbruch, die Ehe oder der Rechtsstaat. Wir können uns aber auch gleichzeitig auf mehrere Einzeldinge beziehen, dabei benutzen wir typischerweise den **Plural** (oder Koordinationen mit *und*):

(1) die beiden Sofas im Keller; die ehemaligen Bundeskanzler der Bundesrepublik; die Urteile des Bundesverfassungsgerichts in diesem Jahr; die diesjährigen Ausbrüche des Stromboli; seine zwei gescheiterten Ehen

Die Art, wie Nomen im Plural mit Prädikaten und Operatoren zu Prädikationen kombiniert werden, ist völlig analog zu der Art, wie dies bei Nomen im Singular der Fall ist. So sollte eine semantische Analyse von Nominalphrasen im Plural, soweit es geht, möglichst nahe an der Analyse von Nominalphrasen im Singular sein (nicht nur was die Referenz angeht, auch in Bezug auf die Quantifikation gibt es in beiden Fällen große Übereinstimmungen).

Intuitiv ist klar, auf was bzw. wen wir uns in (1) beziehen: jeweils auf mehrere Einzeldinge. Aber was genau ist das, auf das wir uns dabei beziehen? Handelt es sich um etwas, das von den Einzeldingen verschieden oder mit ihnen identisch ist? Wenn wir das, worauf sich eine Nominalphrase im Plural bezieht, eine **Pluralität** nennen, dann können wir die Frage so stellen: Ist eine Pluralität identisch mit den Einzeldingen oder eine neue Entität? Können wir – so kann man weiter fragen – überhaupt sagen, dass wir uns mit einer Nominalphrase im Plural auf ‚etwas' beziehen, und sei es eine Pluralität – auf ‚etwas im Singular'? Dies sind natürlich keine rein linguistischen Fragen, aber die Antworten darauf haben Konsequenzen für die semantische Analyse.

Man kann die Antworten, die heute auf diese Fragen gegeben werden, grob wie folgt ordnen. Grundlegend ist die Entscheidung, ob eine Nominalphrase im Plural auf eine Pluralität referiert oder auf mehrere Einzeldinge gleichzeitig referiert, ob – mit anderen Worten – **eine** Referenzbeziehung vorliegt oder **mehrere**. Wenn es nur eine ist, stellt sich die Frage, ob der Referent, die Pluralität, identisch ist mit den Einzeldingen oder nicht.

In der logischen Semantik dominiert die Sichtweise, wonach auf eine Pluralität als ein ‚Individuum' referiert wird, das von den Einzeldingen verschieden ist. Was für eine Art von Individuum dies ist, darin unterscheiden sich die Ansätze. So ist eine Pluralität im sog. algebraischen Ansatz die mereologische Summe bzw. Fusion der Einzeldinge, die durch die Funktion der Gruppenbildung (⊕) entsteht (besonders einflussreich ist hier Link 1983, der sich auf Sharvy 1980 stützt). Oder eine Pluralität wird als eine Menge oder Klasse im Sinne der Mengentheorie konzipiert. Die Pluralität von **a** und **b** (formal: **a⊕b**) ist dann identisch mit {**a**, **b**}, der Menge, die nur **a** und **b** als Elemente hat (siehe u.a. Schwarzschild 1992).

Wenn man die Mereologie (die Lehre von den Teil-Ganzes-Beziehungen) strikt von der Mengentheorie unterscheidet, kann man von Referenz auf eine Pluralität sprechen, ohne dass diese ein neues Individuum neben den Einzeldingen darstellen würde: Die Pluralität aus **a** und **b** ist die Entität, die alle und nur die Teile von **a** und **b** als Teile hat (siehe Simons 1996, 2016).

Der Ansatz, demzufolge bei der Pluralreferenz nicht eine, sondern mehrere Referenzbeziehungen vorliegen, ist, was die Linguistik angeht, erst jüngeren Datums, wird nun aber ernsthaft erforscht (siehe die Beiträge in Carrara et al. (Hgg.) 2016).

In Bezug auf direkte Gattungsprädikationen wie (*Die*) *Dinosaurier sind ausgestorben* ist man sich einig, dass Indefinita und Definita auf **Gattungen** bzw. **Typen** (Arten, Sorten) referieren (siehe genauer unten § 7.6). Dabei handelt es sich um eine ontologische Kategorie, die von konkreten Einzeldingen und Pluralitäten zu unterscheiden ist. Ein wesentliches Merkmal von Gattungen ist, dass Gegenstände Exemplare von ihnen sein können (dass es Gegenstände geben kann, die Instanzen der Gattungen sind). Damit ist noch einiges offen, was Gattungen genau sind. Sind Gattungen abstrakte Gegenstände oder konkrete? Wenn konkrete, so könnten sie die (mereologische) Summe aller ihrer Instanzen sein. Die Frage nach der ontologischen Natur von Gattungen ist letztlich keine linguistische Frage, aber die genaue linguistische Analyse kann Anhaltspunkte für ihre Beantwortung geben.

Individuativa (*count nouns*) und **Kontinuativa** (*mass nouns*) haben in Sprachen wie dem Deutschen und Englischen in Teilen ein markant unterschiedliches morphosyntaktisches Verhalten. Individuativa wie *Sofa*, *Kanzler, Gerichtsurteil* oder *Ehe* können typischerweise im Singular wie im Plural auftreten (insbesondere auch mit Kardinalia), im Singular aber können sie nicht ohne Determinativ auftreten, doch nicht mit Determinativen wie *viel* oder *wenig* im Singular. Kontinuativa wie *Wasser*, *Erde*, *Liebe*, *Gleichheit* dagegen können typischerweise problemlos ohne Determinativ vorkommen, mit singularischen Determinativen wie *viel* oder *wenig* kombiniert werden, aber nicht im Plural stehen (siehe Pafel/Reich 2016: Kap. II.2.1). Dies ist offenkundig kein rein syntaktischer Unterschied. Terme mit einem Individuativum bzw. Kontinuativum als nominalem Kern, kurz: individuative und kontinuative Terme, scheinen auf ontologisch Unterschiedliches zu referieren: auf Einzeldinge bzw. auf Substanzen (Stoffe, Massen) (was kontinuative Terme angeht, so trifft dies auf die Kerngruppe der Kontinuativa wie *Wasser* oder *Erde* zu). Einzeldinge wie Sofas kann man zählen, eine Substanz wie Wasser kann man nicht zählen. Mit Kontinuativa scheint eine eigene ontologische Kategorie, die der **Substanz**, in der Sprache aufzutauchen.

Kumulative Referenz ist ein wesentliches Merkmal von Kontinuativa (dies geht zurück auf Quine 1960: § 19). Wenn man zwei

Mengen (Portionen, Quantitäten) als Mengen von ein und derselben Substanz bezeichnen kann, dann kann man auch die beiden Mengen zusammengenommen als eine Menge von dieser Substanz bezeichnen. Eine weitere Eigenschaft von Kontinuativa ist, dass sie bis zu einem gewissen Punkt **distributive Referenz** ermöglichen. Wenn man eine Menge als Menge von einer bestimmten Substanz bezeichnen kann, dann kann man auch Teilmengen dieser Menge als Mengen von dieser Substanz bezeichnen (*Menge* ist hier nicht im Sinne der Mengentheorie verwendet, sondern im alltäglichen, nicht-fachsprachlichen Sinne).

Dies macht deutlich, dass Substanzen (bzw. Substanzmengen) eine spezielle Teil-Ganzes-Struktur aufweisen. Dies kann uns an Pluralitäten erinnern, die ein Ganzes mit Einzeldingen als Teile darstellen. In der Tat gibt es eine auffallende Gemeinsamkeit zwischen Kontinuativa und Individuativa im Plural: die kumulative Referenz. Wenn man zwei Pluralitäten als Pluralitäten von Einzeldingen derselben Art bezeichnen kann, dann kann man auch die beiden Pluralitäten zusammengenommen als eine Pluralität von Einzeldingen dieser Art bezeichnen: *Wenn Marie und Monika Gourmets sind und Max und Moritz Gourmets sind, dann sind auch Marie, Monika, Max und Moritz Gourmets.* Die Ähnlichkeit von Kontinuativa und Individuativa im Plural zeigt sich auch darin, dass es Kontinuativa gibt, die keine Substanzbezeichnungen sind, sondern Arten von Pluralitäten bezeichnen (*Gepäck*, *Gebäck*).

2.2 Referenz auf nicht-existente Gegenstände?

Wenn wir feststellen „Faust redet Gretchen zum ersten Mal vor der Kirche an“, „Max und Moritz enden in der Getreidemühle“, „Superman ist Clark Kent“, so sind unsere Feststellungen wahr – falsch wäre „Faust hat Gretchen in Auerbachs Keller getroffen“. Dies scheint nur möglich zu sein, weil wir mit den Eigennamen auf ganz bestimmte fiktionale Charaktere Bezug nehmen. Fiktionale Charaktere sind Personen, die nicht existieren. Also scheint Referenz auf Nicht-Existentes möglich zu sein.

Auch außerhalb der Fiktion (und der Mythologie) gibt es dieses Phänomen:

(2) [Der Astronom Le Verrier hat einen Planeten postuliert, der die Bahn des Merkurs beeinflusst, und ihn Vulkan getauft.] Doch Vulkan existiert nicht, wie wir heute wissen.

Wir können uns also auch auf hypothetische Gegenstände beziehen, die möglicherweise nicht existent sind. Wahre negative Existenzsätze wie *Vulkan existiert nicht* wären paradox, wenn man nur auf Existentes Bezug nehmen könnte.

Das Phänomen geht über mythologische, fiktionale und hypothetische Gegenstände hinaus. Wir können uns offensichtlich auch auf nicht mehr Existentes wie auf noch nicht Existentes beziehen: *Kant ist schon lange tot. Die nächste Bundeskanzlerin wird nicht Angela Merkel heißen.*

In der Rede über Bewusstseinszustände scheint es hin und wieder unausweichlich zu sein, sich auch auf Nicht-Existentes zu beziehen: *Sie fürchten sich vor dem Teufel* und *Sie sind überzeugt, dass im Élysée-Palast der König von Frankreich lebt*. Dabei ist eine anaphorische Bezugnahme möglich ganz wie bei Existierendem:

(3) Hob glaubt, dass eine Hexe seine Ernte vernichtet hat. Und Nob glaubt, dass sie für den Tod seiner Tiere verantwortlich ist. (Geach 1967)

Möglicherweise kann man sich auch, aber spätestens jetzt wird es kritisch, auf unmögliche Gegenstände (Gegenstände, die notwendigerweise nicht existieren) beziehen: *Das runde Quadrat ist rund und viereckig.*

Ob es so etwas wie einen nicht-existenten Gegenstand überhaupt geben kann, wird in der Philosophie seit langem heftig diskutiert. Für die Linguistik ist diese Diskussion insofern von Relevanz, als es davon abhängt, ob wir die Phänomene, die wir bisher aufgeführt haben, so analysieren können, wie wir dies getan haben, nämlich als Beispiele für Referenz auf Nicht-Existentes.

Die Rede von nicht-existenten Gegenständen scheint zudem vorauszusetzen, dass Existent-Sein eine Eigenschaft ist, die manche Gegenstände haben, andere nicht. Dies wurde in der Geschichte der Philosophie oft (vor allem von Kant) heftig bestritten. In der neueren sprachphilosophischen Diskussion besonders von Frege, für den die Aussage *Gott existiert* (*nicht*) eine Aussage über den **Begriff** ›Gott‹ ist, und zwar die Aussage, dass etwas (/nichts) unter den Begriff ›Gott‹ fällt (Existenz ist damit ein Begriff ‚zweiter Stufe', d.h. ein Begriff, der von Begriffen prädiziert wird). Die linguistisch relevante Frage ist hier also: Ist *existieren* ein Prädikat, das auf Gegenstände angewandt wird, oder ein Prädikat, das nur auf Begriffe angewandt werden kann? (Siehe Salmon 2014 zu dieser Frage.)

Russells Theorie der definiten Beschreibung, der zufolge Definita keine Terme, sondern Quantoren sind, war vor allem motiviert von dem Wunsch, Referenz auf Nicht-Existentes zu vermeiden (siehe unten § 5.3). Da Russell Eigennamen als definite Beschreibungen analysiert (vgl. § 6.3), ist für ihn bei negativen Existenzsätzen mit Eigennamen auch kein Bezug auf Nicht-Existentes notwendig.

Es gibt jedoch eine Reihe von Vorschlägen, die Rede von nichtexistenten Gegenständen als sinnvoll zu begründen (zur Orientierung siehe Reicher 2019, zu Fiktionalem von Solodkoff 2014). Es scheint, dass eine semantische Analyse sich hier entscheiden muss.

2.3 Referenz auf Sprache

Dass wir mit Hilfe der Sprache auf alle möglichen Aspekte der Sprache selbst Bezug nehmen können, ist offensichtlich. Ohne dies wäre Linguistik ja auch nicht möglich. Bei der Referenz auf sprachliche Phänomene spielen ‚Anführungen' eine nahezu unentbehrliche Rolle. Eine **Anführung** ist eine Präsentation von sprachlichem Material. Es gibt sie zumindest in zwei Formen: als ‚reine Anführung' sowie als ‚Zitat' (Voll- oder Teilzitat).

(4) a. Der Satz ‚Ich habe Kopfschmerzen' ist ein Deklarativsatz.
    b. Moritz hat mehrmals gesagt: „Ich habe Kopfschmerzen."
    c. Sie erklärte „den Patienten" für „partiell kopfschmerzfrei".

Die reine Anführung *‚Ich habe Kopfschmerzen'* in (4a) ist Teil einer metasprachlichen Aussage, d.h. einer Aussage über Sprache; die durch Anführungszeichen gekennzeichneten Zitate in (4b) und (4c) jedoch sind Teil einer Rededarstellung (vgl. Dirscherl/Pafel 2015).

Diese beiden Formen von Anführungen unterscheiden sich syntaktisch und semantisch deutlich. Reine Anführungen haben die Distribution von Nomen (und nicht die Distribution von Nominalphrasen), sind also syntaktisch von der Kategorie eines Nomens: Vor der reinen Anführung können Determinative und Adjektive stehen, nach ihr PP-Attribute, sie können enge Appositionen (wie in (4a)) sowie Erst- oder Zweitglieder in Komposita sein. Dies ist in der Forschung seit Jespersen (1924: 98 FN 1) immer wieder aufs Neue oft unabhängig voneinander festgestellt worden, aber noch nicht Allgemeingut geworden (siehe Pafel 2011).

Anders verhält es sich bei Zitaten. Die syntaktische Kategorie der Zitate entspricht der syntaktischen Kategorie des präsentierten sprachlichen Materials: So haben Vollzitate wie in (4b) die Distribution von Sätzen, die Teilzitate in (4c) die Distribution von Nominalphrasen bzw. die von Adjektivphrasen (Teilzitate können aus Wortketten ganz unterschiedlicher Art bestehen, es muss sich nicht einmal wie in (4c) um syntaktische Phrasen handeln).

Dieser syntaktische Unterschied zwischen reinen Anführungen und Zitaten macht sich auch semantisch bemerkbar. So unterscheiden sie sich zum Beispiel in Bezug auf die Referenz: Während es in (4b) klar ist, dass das Personalpronomen im Zitat den Sprecher, also Moritz, bezeichnet, macht es keinen Sinn, zu fragen, wen das Personalpronomen in der reinen Anführung in (4a) bezeichnet. Der Unterschied zeigt sich auch bei Übersetzungen. Während man Zitate problemlos mit übersetzen kann, kann die Übersetzung einer reinen Anführung zu einer ganzen anderen Aussage führen:

(5) a. Kennedy erklärte: „Ich bin ein Berliner."
b. Kennedy declared: "I am a Berliner."

(6) a. ‚Es regnet' ist ein wohlgeformter deutscher Satz.
b. 'It rains' is a well-formed German sentence.

Es gibt eine reiche Literatur zu Anführungen – siehe u.a. die beiden Sammelbände Brendel et al. (Hgg.) (2007) und (2011).

Beim Reden über Sprache benutzen wir zwangsläufig eine Sprache. Die Sprache, über die wir dabei reden, ist die Objektsprache; die Sprache, mit der wir über die Objektsprache reden, ist die Metasprache. Wenn Metasprache und Objektsprache identisch sind (wie in diesem Buch – ich schreibe auf Deutsch über das Deutsche), dann kann das, wie dies vor allem der Logiker Alfred Tarski betont hat, zu Paradoxien führen, insbesondere zum sogenannten Lügnerparadox. Wenn man sich in Bezug auf den Satz

(7) (7) ist nicht wahr.

fragt, ob er wahr ist, dann ergibt sich: (7) ist genau wahr, wenn es wahr ist, dass (7) der Fall ist, d.h. wahr ist, dass (7) nicht wahr ist. (7) ist also genau dann wahr, wenn (7) nicht wahr, also falsch ist. Das heißt, wenn (7) falsch ist, ist (7) wahr, und wenn (7) wahr ist, ist (7) falsch. Das ist paradox. Zum Stand der Forschung zum Lügnerparadox siehe Beall et al. (2017).

Aufgabe 2: Was versteht man unter kumulativer Referenz bei Kontinuativa? Inwiefern zeigt sich dieses Phänomen auch bei Termen im Plural?

Grundbegriffe: Gattung (Typ), kumulative Referenz, Pluralität.

Weiterführende Literatur: Dirscherl/Pafel (2015), Moltmann (2017), Reicher (2019), Simons (1996).

3. Sprecher-Referenz

Wir haben das Buch begonnen mit der Unterscheidung von zwei Arten der Referenz: Sprecher-Referenz und semantische Referenz. Eine Handlung die eine, eine Relation die andere. Wenden wir uns nun zuerst Referenz als Handlung zu, einem zentralen Element der Kommunikation.

3.1 Referenz und referenzielle Intentionen

Mit Sprecher-Referenz ist gemeint, dass sich Sprecher mit einer Äußerung auf einen bestimmten Gegenstand beziehen, *Gegenstand* im allerallgemeinsten Sinne. Sprecher-Referenz ist eine Handlung, die wesentlich durch die Intention des Sprechers charakterisiert ist, einen seiner mentalen Zustände, nämlich seine ‚Vorstellung' von einem Gegenstand, auf die Adressaten zu übertragen, so dass auch diese eine (nicht unbedingt dieselbe) ‚Vorstellung' von dem Gegenstand haben. Diese Intention sei **partikularisierte referenzielle Intention** genannt (es gibt bislang keine gängige Bezeichnung). Wenn sie ihr Ziel erreicht, ist die Sprecher-Referenz erfolgreich. **Sprecher-Referenz** liegt damit vor, wenn jemand einen Ausdruck mit einer partikularisierten referenziellen Intention äußert:

(1) Ein Sprecher bezieht sich mit der Äußerung eines Ausdrucks auf einen Gegenstand genau dann, wenn der Sprecher (i) eine Vorstellung von dem Gegenstand hat und (ii) mit der Äußerung des Ausdrucks bei den Adressaten der Äußerung eine Vorstellung von dem Gegenstand hervorzurufen intendiert.

(Zu Sprecher-Referenz siehe Strawson 1950, Searle 1969, Kripke [1977] 1979, Stine 1978 – sowie Bach 2006.)

Sprecher-Referenz ist nicht zu verwechseln mit dem Phänomen ‚Einen-bestimmten-Gegenstand-vor-Augen-Haben', also mit dem, was auf Englisch *having in mind* genannt wird. Einen Gegenstand hat man vor dem inneren Auge, wenn man die Aufmerksamkeit auf ihn richtet (zum Beispiel wenn man eine Person gut kennt und an sie denkt oder einen Gegenstand deutlich wahrnimmt). Das Einen-bestimmten-Gegenstand-vor-Augen-Haben ist ein zeitlich begrenzter Bewusstseinszustand bzw. eine Bewusstseinsepisode, bei der man sich einen Gegenstand ‚vorstellt'. Eine solche Vorstellung ist eine Voraussetzung für Sprecher-Referenz (siehe (i) in (1)).

Dass die Sprecherin intendiert, auch bei den Adressaten eine Vorstellung von dem Gegenstand hervorzurufen, wird oft so ausgedrückt, dass die Sprecherin einen Gegenstand für die Adressaten herausgreifen bzw. identifizieren will (Searle 1969: § 4.8) bzw. will, dass die Adressaten den Gegenstand identifizieren (Stine 1978: 323). Der typische Fall liegt bei der Sprecher-Referenz mit Bekanntschaft vor: Die Sprecherin hat eine konkrete Vorstellung von dem Gegenstand, hat ihn also vor Augen, und mit der erfolgreichen Sprecher-Referenz haben auch die Adressaten eine konkrete Vorstellung von dem Gegenstand, haben auch sie ihn vor Augen.

Es ist eine schwierige Frage, welche Bedingungen vorliegen müssen, damit man davon reden kann, dass jemand ‚einen Gegenstand vor Augen hat'. Muss er ihn identifizieren können in dem Sinne, dass er ihn von allen anderen Gegenständen in der Welt unterscheiden kann? Muss er über eine identifizierende Beschreibung verfügen? Oder ist eine Identifikation mit viel weniger möglich? Ist eine kausale Interaktion mit dem Gegenstand nötig, etwa eine ‚Informationsbrücke' zu dem Gegenstand? Da man sich auf Gegenstände unterschiedlicher Art, konkrete wie abstrakte, singuläre wie plurale, beziehen kann: Wie unterscheiden sich die Bedingungen jeweils? Dies sind offene Fragen (siehe dazu u.a. Kaplan 2012).

Mit der Definition (1) sind verschiedene Sichtweisen möglich je nachdem, was man unter ‚Vorstellung' verstehen will. Es können ‚konkrete' Vorstellungen im Sinne von Einen-bestimmten-Gegenstand-vor-Augen-Haben sein, so dass Sprecher-Referenz mit Bekanntschaft vorliegt. Es können aber auch ‚abstrakte' Vorstellungen sein wie in dem Fall, wo ich über jemanden rede, von dem ich über keine Information verfüge wie in *Die größte Frau in Kiew ist ukrainische Muttersprachlerin* oder *Das erste im Jahr 2100 geborene Baby wird in Afrika das Licht der Welt erblicken.* Ob man hier von Sprecher-Referenz – von Sprecher-Referenz ohne Bekanntschaft – reden kann, ist strittig (zu beschreibungsbasierter Referenz siehe Dickie 2015: § 7). Ich komme auf diese Fälle im Zusammenhang mit der semantischen Referenz in § 4.3 zurück.

Sprecher-Referenz im Sinne von (1) kann bei Ausdrücken vorliegen, die den Sprecher-Referenten bezeichnen, aber auch bei Ausdrücken, die den Gegenstand nicht bezeichnen, also insbesondere bei Quantoren. Max sagt zur gähnenden Marie: „Da ist aber jemand sehr müde" oder „Da ist irgendjemand aber sehr müde", wobei in der Äußerungssituation beiden klar ist, dass Max mit dem Pronomen (einem Quantor) auf Marie Bezug nimmt und indirekt feststellt, dass (er sich bewusst ist, dass) sie müde ist. Dies ist erkennbar eine eher ungewöhnliche Situation. Ungewöhnlich ist dies vor allem, weil die Adressatin dies nur aus dem Kontext der Äußerungssituation erschließen kann, nichts am gewählten Ausdruck ((*irgend-*)*jemand*) deutet darauf hin, dass die Adressatin gemeint sein könnte (im Gegenteil: siehe unten § 7.1 zu *irgend*).

Nicht von Sprecher-Referenz sollte man reden in Fällen, wo mit der Verwendung eines Quantors auf Seiten des Sprechers lediglich eine Vorstellung von einem Gegenstand, ein Einen-bestimmten-Gegenstand-vor-Augen-Haben verbunden ist. Ich kann einige Leute im Auge haben, wenn ich jemandem sage: „Ich kenne einige Leute, die dir helfen können", ohne dass ich mit der Äußerung dem Adressaten damit (indirekt) mitteilen würde, dass die Personen so-und-so ihm helfen können. In solchen Fällen haben wir weder semantische noch Sprecher-Referenz, was der Normalfall bei Quantoren ist. Dies gilt auch für partitive Quantoren wie *einige von uns*: Nur bei einem Teil dieses Quantors, nämlich bei *uns*, kann man von semantischer Referenz und von Sprecher-Referenz reden.

Es ist – anders als in der Situation mit der gähnenden Marie – der Normalfall, dass ein Sprecher mit dem Ausdruck, den er bei der Sprecher-Referenz benutzt, einen Ausdruck wählt, der die Adressaten – möglichst neutral formuliert – unmittelbarer in die Lage versetzt, eine Vorstellung von dem Sprecher-Referenten zu gewinnen. In diesen Fällen kommt dann eine zweite Intention ins Spiel, die **generalisierte referenzielle Intention** genannt sei. Wie man diese genau konzipiert, hängt stark von der semantischen Analyse ab, die man für Terme annimmt. Mit dem vage gehaltenen Begriff der ‚Eigenschaften eines Terms' soll ein möglichst weites Spektrum an Konzeptionen abgedeckt werden:

(2) Der Sprecher intendiert mit der Äußerung eines Terms bei den Adressaten die Vorstellung des Gegenstandes hervorzurufen, der durch Eigenschaften des Terms eindeutig identifiziert werden kann.

Die ‚Eigenschaften' könnten etwa die für den Term einschlägigen sprachlichen Regeln sein (vgl. Searle 1969: § 4.8), ein an den Term geknüpftes Verfahren zur Identifikation (vgl. Stine 1978: 325) oder die Bedeutung des (Vorkommens des) Terms (vgl. unten § 4.3). ‚Generalisiert' ist die Intention, da sie für Terme generell gilt.

Referenzielle Intentionen sind immer als Teil von umfassenderen kommunikativen Intentionen zu sehen. Bei *Emma ist müde* besteht die kommunikative Intention des Sprechers darin, dem Adressaten mitzuteilen, dass Emma müde ist. Die referenzielle Intention in Bezug auf den Term spielt ihren Part beim Ausdruck des propositionalen Gehalts der Äußerung. Wie für kommunikative Intentionen allgemein gilt auch für referenzielle Intentionen, dass sie als ‚offen' intendiert sind, d.h. dass der Sprecher intendiert, dass sie zur gemeinsamen Wissensbasis von Sprecher und Adressat gehören (dieser Aspekt ist seit Grice 1957 als ganz wesentlich erkannt).

Es ist ein typisches Merkmal von Referenzkonzeptionen, die mit zugrundeliegenden Intentionen arbeiten, dass (mindestens) mit einem Paar von Intentionen gearbeitet wird (siehe insbesondere Searle 1969: § 4.8, Stine 1978: 323, 325, Kripke [1977] 1979: 15, Reimer 1992, Neale 2004: 80, Korta/Perry 2010). Dabei wird zum Beispiel bei Searle die generalisierte Intention mit zur Sprecher-Referenz gezählt – die Definition (1) müsste dann entsprechend erweitert werden. Man kann die generalisierte Intention aber auch als Basis der semantischen Referenz betrachten – siehe unten § 4.3.

Was das Verhältnis von Sprache und Welt angeht in Bezug auf das Phänomen der Referenz, so verlagert sich bei einer Vorgehensweise auf der Grundlage von (1) und (2) alles auf das Verhältnis der ‚Vorstellungen' (von Sprecherin und Adressat) zu den vorgestellten Gegenständen. Dies ist nun keine linguistische Frage mehr, sondern eine Frage der Philosophie, genauer: der Theorie des Geistes.

3.2 Sprecher-Referenz, Bedeutungserwerb und Zeigegesten

Es ist bekannt, dass die Fähigkeit des Gedankenlesens (*mind-reading*) für den Spracherwerb eine große Rolle spielt. Über die Fähigkeit des Gedankenlesens zu verfügen, heißt, eine Vorstellung vom Innenleben anderer Lebewesen zu haben (heißt, eine *Theory of Mind* zu haben), ein Bewusstsein von den Wünschen, Gefühlen, Wahrnehmungen und Überzeugungen anderer Lebewesen. Genauer besteht die Fähigkeit des **Gedankenlesens** darin, anderen Lebewesen ‚intentionale' Zustände zuzuschreiben und aufgrund von diesen deren Verhalten zu erklären und vorherzusagen.

Die Fähigkeit des Gedankenlesens ist nach Baldwin (1993), Bloom (2002) und anderen zentral für die Erklärung der Art und Weise, wie Kinder die Bedeutungen von Wörtern – genauer: von Nomen bzw. Substantiven, die konkrete Gegenstände klassifizieren – erlernen. Entscheidend ist dabei das Erkennen von referenziellen Intentionen. Dies scheint heute eine weithin, wenn auch nicht allseits akzeptierte Sicht zu sein.

Mit einer Reihe von unterschiedlichen Experimenten konnte gezeigt werden, dass das Lernen von Wortbedeutungen kein rein assoziatives Lernen ist, sondern ganz entscheidend darauf basiert, was der andere gemeint haben könnte, was seine referenzielle Intention war, als er ein (neues) Wort benutzte. Wenn Kinder ein neues Substantiv hören, dann scheinen sie sich zu fragen, auf welchen Gegenstand sich der Erwachsene wohl beziehen mag. Selbst wenn das Kind den Gegenstand nicht sieht, aber sieht, dass der Erwachsene bei der Äußerung des Wortes seine Aufmerksamkeit auf den Gegenstand gerichtet hat, wird es diesen Gegenstand als den gemeinten Gegenstand identifizieren. Dies ist genau der Fall beim *It's a modi*-Experiment, bei dem Erwachsener und Kind an einem großen Tisch sitzen, das Kind einen Gegenstand bekommt, mit dem es spielt, und ein anderer Gegenstand in eine für das Kind nicht einsehbare Schachtel vor dem Erwachsenen gelegt wird, und dieser nach einer Weile überrascht „It's a modi!" äußert.

Je nach Situation können verschiedenartige Überlegungen dazu führen, dass die referenzielle Intention erkannt wird, Überlegungen, die von einer ‚pragmatischen' Art sind, wie sie in der Grice'schen Konzeption der Kommunikation als Kooperation benutzt werden.

Die **Zeigegeste** verstehen und verwenden Kinder schon sehr früh, es beginnt um den zwölften Monat (siehe Butterworth 2003, Tomasello 2008: Kap. 4). Sie zeigen auf Gegenstände und Orte der Umgebung und machen die Adressaten auf das aufmerksam, was für sie im Fokus der Aufmerksamkeit steht (*joint attention*), nicht nur in der Absicht, den Adressaten zu einer Handlung zu bewegen, sondern auch in der Absicht, ihn über etwas zu informieren oder mit ihm einen emotionalen Zustand (ihre Begeisterung etwa) zu teilen. Ihre referenzielle Intention ist damit – wie bei der Sprecher-Referenz – eingebettet in eine umfassendere kommunikative Intention mit dem Unterschied, dass die kommunikative Intention vom Adressaten aus der Äußerungssituation und der gemeinsamen Wissensbasis erschlossen werden muss, da ja kein Input neben der Referenz *qua* Zeigegeste geliefert wird.

Es liegen mit der Zeigegeste also schon wesentliche Elemente der Sprecher-Referenz vor. Die Sprecher-Referenz benutzt anscheinend eine ‚Infrastruktur', die bei der Zeigegeste bereits gegeben ist. Einfache referenzielle Ausdrücke, insbesondere demonstrative Elemente wie *dies* oder *das*, müssen im Spracherwerb lediglich als vokalisierte Zeigegesten gelernt werden. So ist es auch kein Wunder, dass es so natürlich ist, die Sprecher-Referenz mit deiktischen Gesten (Zeigegesten) unterstützend zu begleiten.

Grundbegriffe: Gedankenlesen, referenzielle Intention, Zeigegeste.

Weiterführende Literatur: Hanks (2019), O'Rourke (2019), Salazar Orvig (2019), Searle (1969: § 4), Strawson (1950).

4. Semantische Referenz

Anders als die Sprecher-Referenz ist die semantische Referenz (als Relation zwischen Ausdrucksvorkommen und Gegenständen) in mehrfacher Hinsicht ein strittiges Phänomen: Es wird über ihr Verhältnis zur Sprecher-Referenz debattiert und sogar ihre Existenz in Abrede gestellt. Betrachten wir aber zuerst die Gründe, die dafürsprechen, semantische Referenz als Phänomen anzuerkennen.

4.1 Pro semantische Referenz

Für die kompositionale Semantik ist die Unterscheidung zwischen Termen und Quantoren grundlegend, die eindeutig semantischer und nicht pragmatischer Natur ist (siehe oben § 1.3). Der Unterschied zwischen den beiden Kategorien ist darauf zurückzuführen, dass Terme referierende Ausdrücke sind, Quantoren aber nicht. Bei Termen, nicht aber bei Quantoren kann man von Referenz als Relation zwischen Ausdrucksvorkommen und Gegenständen reden. Semantische Referenz scheint also notwendig, um den grundlegenden Unterschied zwischen Termen und Quantoren erklären zu können.

Weiterhin gibt es unterschiedliche Weisen der semantischen Referenz, die nicht rein pragmatisch erklärt werden können: Siehe den folgenden Kontrast zwischen Definita und Demonstrativa.

(1) a. Auf dem Parkplatz stand ein Auto. <u>Der Kofferraum</u> war offen.
b. ??Auf dem Parkplatz stand ein Auto. <u>Dieser Kofferraum</u> war offen.

Es ist eigentlich völlig klar, auf was sich die Sprecherin mit dem Demonstrativum *dieser Kofferraum* nur beziehen kann, die Sprecher-Referenz ist nicht das Problem. Es muss einen Unterschied zwischen Definita und Demonstrativa geben, der mit der semantischen Referenz zu tun hat (siehe die Erklärung dafür in § 5.2).

Zudem ist auch bei Quantoren unter speziellen Umständen Sprecher-Referenz durchaus möglich, ohne dass sich dadurch an ihrem Quantorenstatus irgendetwas ändern würde. Sie erinnern sich an die Beispielsituation, in der Max zur gähnenden Marie sagt: „Da ist aber jemand müde“ oder „Da ist irgendjemand aber müde“, wobei in der Äußerungssituation beiden klar ist, dass Max mit dem Pronomen auf Marie Bezug nimmt und indirekt feststellt, dass (er sich bewusst ist, dass) sie müde ist. Es liegt zwar Sprecher-Referenz, aber keine semantische Referenz vor (siehe auch unten § 8.5).

Bei Termen kann sich Sprecher-Referenz und semantische Referenz unterschiedlich zueinander verhalten, man kann verschiedene

Referenz-Szenarien durchspielen. Der Standardfall ist das Szenarium, wo Sprecher-Referent gleich semantischer Referent ist. Wenn die Sprecherin mit *du* auf die Adressatin Bezug nehmen will oder mit *Emma* auf die salienteste Person mit Namen Emma (vgl. § 6.4), dann liegt der Standardfall vor.

Von diesem unterscheidet sich das **Zwillings-Szenarium**: Die Sprecherin äußert zu Heinz, der einen eineiigen Zwillingsbruder Fritz hat: „Du warst gestern auf dem Empfang ganz schön frech." Die Sprecherin will sich mit dem Pronomen auf die Person beziehen, die mit ihr spricht, also auf Heinz, sie hält aber Heinz für Fritz, das heißt, sie will sich mit dem Personalpronomen eigentlich auf Fritz beziehen. Intuitiv scheint klar, dass Heinz der semantische Referent ist, nicht so klar ist, wer der Sprecher-Referent ist. Die Sprecherin wollte sich schon auf die vor ihr stehende Person, also Heinz, beziehen, insofern könnte Heinz und damit der semantische Referent auch der Sprecher-Referent sein. Aber wollte sie sich nicht eigentlich auf Fritz beziehen?

Nun gibt es eine Reihe von Fällen, wo Sprecher-Referenz und semantische Referenz deutlich(er) auseinanderzufallen scheinen. Diese Fälle sind zusätzliche Evidenz für die Notwendigkeit des Begriffs der semantischen Referenz (und ein Testgelände für die verschiedenen Konzeptionen von semantischer Referenz).

Das **Martini-Szenarium** ist ein solcher Fall (siehe Donnellans (1966) referenzielle Verwendung von definiten Beschreibungen). Jemand fragt mich auf einem Empfang: „Wer ist der Kerl mit dem Martini?" Es ist mir klar, auf wen sich die Sprecherin bezieht, denn nicht weit von uns unterhält sich eine Person mit einem Martiniglas in der Hand mit anderen, und die Sprecherin blickt genau in die Richtung dieser Person. Nun weiß ich, dass diese Person nie Alkohol anrührt und nur Wasser aus dem Martiniglas trinkt. Es gibt offensichtlich einen Sprecher-Referenten, aber die Beschreibung trifft auf ihn nicht zu. Wenn an der Äußerung etwas verunglückt ist, dann dies, dass es keinen semantischen Referenten zu geben scheint (selbst wenn jemand auf dem Empfang Martini trinken würde, wäre diese Person nicht die salienteste Person mit Martini).

Ein anderer Fall ist das **Portrait-Szenarium** (nach Kaplan 1978: 239, der es mit dem Philosophen Carnap und dem Politiker Agnew durchspielt): Marie hat in ihrem Arbeitszimmer an der rückwärtigen Wand ein Bild von Chomsky hängen. Wenn sie Besuch hat, dann zeigt sie gerne nach hinten und sagt: „Er ist mein Vorbild." Ihr Freund treibt gerne mal einen Schabernack und hat gerade vor dem neuesten Besuch Chomskys Portrait durch das von Napoleon Bonaparte ersetzt, was Marie aber nicht mitbekommen hat. Nichtsahnend erklärt sie hinter sich weisend ihrem Besuch: „Und er ist mein Vorbild." Damit bezieht sie sich mit dem Pronomen entgegen ihren Intentionen auf Napoleon, so scheint es. Denn der Besuch, der nichts von dem Bildertausch weiß, könnte später zu Recht berichten: „Marie hat mir gesagt, dass Napoleon ihr Vorbild sei." Der semantische Referent ist Napoleon, der Sprecher-Referent Chomsky.

Ähnlich liegt der Fall im **Claire-Szenarium**, nur dass es jetzt um die Referenz eines Eigennamens geht (nach Barwise/Etchemendy 1987: 29): Es gibt eine Runde von Leuten, die Skat spielen, zwei Personen stehen um diese Leute herum und schauen ihnen in die Karten. Einer von den beiden äußert leise zum anderen „Claire wird gewinnen, ich wette 100 €". Der Sprecher will sich mit dem Eigennamen auf eine ganz bestimmte Person beziehen (= der Sprecher-Referent) und dem Adressaten ist aus der Situation heraus klar, wer dies ist – nur ist diese Person nicht Claire (der Sprecher irrt sich). Wer ist der semantische Referent, wenn es einen solchen gibt?

Schließlich gibt es noch Fälle, wo Sprecher-Referenz mit Bekanntschaft auszuschließen ist (da der Sprecher mit dem Gegenstand, um den es geht, nicht bekannt ist) und es offen ist, ob man sinnvollerweise von semantischer Referenz reden kann. Einmal gibt es das **Mörder-Szenarium** (entspricht der attributiven Verwendung von definiten Beschreibungen in Donnellan 1966): Ein Journalist kann die Wohnung, in der ein brutaler Mord an einem Minister geschehen ist, besichtigen. Anhand der Umstände kommt er zu dem Schluss: „Der Mörder des Ministers (wer auch immer dies sein mag) ist hochgradig gestört." Sprecher-Referenz mit Bekanntschaft kann nicht vorliegen, da der Journalist über keine konkrete, informationsbasierte Vorstellung von dem Mörder verfügt, er kennt ihn ja nicht, hat keine bestimmte Person vor Augen. Manchmal wird dieses Szenarium so beschrieben, dass weder semantische noch Sprecher-Referenz vorliegt (siehe Bach 2006, Recanati 2018).

Ähnlich im **2100-Szenarium** (nach Kaplan 1978: 241): Das erste im 22. Jahrhundert geborene Kind kennen wir natürlich nicht, Sprecher-Referenz mit Bekanntschaft liegt also nicht vor, wenn wir vermuten: „Das erste im 22. Jahrhundert geborene Kind wird in Afrika das Licht der Welt erblicken." Gibt es einen semantischen Referenten? Das **Größte-Zahl-Szenarium** schließlich betrifft Fälle, wo es keinen Gegenstand geben kann, auf den die Beschreibung zutrifft: *Moritz hat die größte natürliche Zahl gefunden.*

4.2 Modelle semantischer Referenz

Der Begriff der Referenz als Relation zwischen Ausdrücken bzw. Ausdrucksvorkommen und Gegenständen hat sich als etwas, das begrifflich von der Bedeutung der Ausdrücke zu unterscheiden ist, wohl erst im Mittelalter so langsam entwickelt, und zwar unter dem Terminus *suppositio*. In der modernen Semantik finden wir ihn bei John Stuart Mill als *denotation* und bei Gottlob Frege als *Bezeichnung* (bzw. *Bedeutung*), dann als *Referenz* in Übersetzungen von Frege ins Englische und ganz generell in der angelsächsischen Sprachphilosophie, schließlich bei Saul Kripke als *semantische Referenz* im Unterschied zu *Sprecher-Referenz*.

Man kann heutzutage mehrere Modelle unterscheiden, wie man semantische Referenz als Relation zwischen Ausdrücken bzw. Ausdrucksvorkommen und Gegenständen konzipieren kann, wobei nicht jedes Modell für alle Typen von referenziellen Termen gedacht ist (vgl. Michaelson/Reimer 2019):

- Deskriptivistisches Modell
- Kausales Modell
- Charakter-Modell
- Referenziell-intentionales Modell

Das **deskriptivistische Modell** geht davon aus, dass die mit einem Ausdruck verknüpfte Beschreibung den Referenten festlegt. Das klassische Beispiel ist Freges Theorie von Sinn und Bedeutung von 1892. Frege zufolge haben Zeichen ganz allgemein zwei semantische Dimensionen: ‚Sinn' einerseits und ‚Bedeutung' (= semantische Referenz) andererseits. Für die Annahme dieser zwei Dimensionen hat Frege insbesondere mit Blick auf Identitätssätze und Einstellungsberichte argumentiert (vgl. unten §§ 6.1, 6.3). „[D]em Zeichen [entspricht] ein bestimmter Sinn und diesem wieder eine bestimmte Bedeutung" (Frege 1892: 27). Wir kommen also über den Sinn zur Referenz eines Zeichens, es ist der Sinn, der festlegt, was das Zeichen bezeichnet. Damit der Sinn dies leisten kann, muss er eine eindeutige Beschreibung von einem Gegenstand liefern – Frege (1892: 26) spricht vom Sinn als „Art des Gegebenseins". Wir werden unten in § 6.3 die Anwendung dieser Theorie auf die Eigennamen kennenlernen, die sogenannte Beschreibungstheorie der Eigennamen. Eine Weiterentwicklung von Frege ist Rudolf Carnaps Theorie von Intension und Extension, die die logische Semantik insbesondere über Richard Montague bis heute prägt (vgl. den Überblick in Pafel 2020).

Es ist das Kennzeichen des deskriptivistischen Modells, dass (semantische) Referenz über eine eindeutige Beschreibung des Referenten hergestellt wird. Das Modell erscheint für Eigennamen und Definita (wenn man Letztere als referenzielle Terme ansieht) im Prinzip als geeignet, bei indexikalischen Ausdrücken jedoch – Personalpronomen und Demonstrativa insbesondere – ist es erstmal fraglich, ob das Modell passt. Doch wenn man das deskriptivistische Modell so verändert, dass man als ‚Sinn' auch Gegebenheitsweisen zulässt, die keine Beschreibungen, aber trotzdem identifizierend sind, dann ist das so modifizierte Modell auch für indexikalische Ausdrücke geeignet (eine solche neo-Frege'sche Konzeption ist vor allem von Evans 1981, 1982 entwickelt worden).

Das **kausale Modell** nimmt an, dass der Referent eines Ausdrucks durch kausale Beziehungen zwischen dem Ausdruck und dem Referenten bestimmt wird. Es ist aus der Debatte um die Semantik der Eigennamen heraus entstanden. Deren Referent ist durch die Kette von Verwendungen des Eigennamens festgelegt, die bis zum Namengebungsakt zurückreicht (siehe § 6.2). Die Eigennamen sind damit der eigentliche Bereich dieses Modells. Für Definita und indexikalische Ausdrücke ist es in dieser Form nicht einschlägig. Aber wenn man ‚kausales Modell' so weit fasst, dass es – über ihren kausalen Ursprung – auch die Referenz von mentalen Dossiers und Vorstellungen erfasst, dann ist es umfassender anwendbar.

Das **Charakter-Modell** nimmt an, dass Ausdrücke eine charakteristische Bedeutung (*character*) haben, die zusammen mit dem Kontext den Referenten festlegt. Die charakteristische Bedeutung von *ich* ist in etwa ›der Sprecher der Äußerung‹, der Referent ist die Person, die die Äußerung macht (siehe § 8.1). Dieses Modell ist eigens für indexikalische Ausdrücke entwickelt worden und zwar von Kaplan ([1977] 1989) als Reaktion darauf, dass das deskriptivistische Modell bei indexikalischen Ausdrücken zu versagen scheint.

Das **referenziell-intentionale Modell** geht von der Annahme aus, dass dem Phänomen der semantischen Referenz referenzielle Intentionen zugrunde liegen. Es lässt sich auf das Programm einer intentionalen Semantik von Grice (1957) zurückführen, das von Stine (1978) zum ersten Mal ausgearbeitet worden ist und Konjunktur hat(vgl. Michaelson/Reimer 2019). Ich werde im nächsten Abschnitt eine Umsetzung des Modells skizzieren.

Wenn die referenzielle Intention für die semantische Referenz eine andere ist als die für die Sprecher-Referenz, kommt die in § 3.1 oben vorgestellte ‚generalisierte referenzielle Intention' in Frage, die für Terme einschlägig ist: Die Sprecherin intendiert mit der Äußerung eines Terms, bei den Adressaten eine Vorstellung des Gegenstandes hervorzurufen, der durch die ‚Eigenschaften des Terms' eindeutig identifiziert werden kann.

Unter ‚Eigenschaften des Terms' sei jetzt die ‚(kontextuelle) Bedeutung' des Vorkommens eines Terms verstanden (vgl. unten das Ende von § 8.1). Zwei Beispiele: Mit einem Vorkommen von *du* beabsichtigt der Sprecher sich auf eine bestimmte Person zu beziehen (= partikularisierte Intention) und intendiert, dass der Adressat dadurch weiß, um wen es sich dabei handelt, dass er diese Person über die Bedeutung des Vorkommens von *du* identifiziert (= Anwendung der generalisierten Intention). Die Bedeutung des Vorkommens ist: ›in dieser Äußerungssituation der Adressat zu sein‹. Aufgrund dieser Bedeutung kann der Adressat sich selbst als den Gegenstand identifizieren, um den es geht. Mit einem Vorkommen von *Emma* beabsichtigt der Sprecher sich auf eine bestimmte Person zu beziehen und intendiert, dass der Adressat dadurch weiß, um wen es sich dabei handelt, dass er diese über die Bedeutung dieses Vorkommens von *Emma* identifiziert, was in diesem Fall heißen könnte, den Gegenstand mit der für die Gesprächspartner salientesten Person mit Namen Emma zu identifizieren (vgl. § 6.4).

Damit lässt sich **semantische Referenz** wie folgt definieren:

(2) (Ausdrucksvorkommen) *V* bezeichnet *G* $=_{df}$
V wird von einem Sprecher mit der Intention geäußert, bei den Adressaten eine Vorstellung des Gegenstandes hervorzurufen, der durch die Bedeutung von *V* eindeutig identifiziert werden kann, und *G* ist dieser Gegenstand.

Auf derselben Basis lässt sich gleichzeitig definieren, was ein Term ist: Ein **Term** ist ein Ausdruck, von dem ein Vorkommen von einem Sprecher mit der Intention verwendet werden kann, bei den Adressaten eine Vorstellung von dem Gegenstand hervorzurufen, der durch die Bedeutung des Vorkommens eindeutig identifiziert werden kann. Die Begriffe ›Term‹ und ›semantische Referenz‹ sind somit zwei Facetten desselben.

So wie die Sprecher-Referenz auf der partikularisierten Intention beruht, beruht die semantische Referenz auf der generalisierten Intention. Es ist damit klar, dass die semantische Referenz von der

Sprecher-Referenz unabhängig ist. Bei der semantischen Referenz bzw. der Kategorie des Terms scheint es sich um so etwas wie eine ‚Grammatikalisierung' von referenziellen Intentionen zu handeln. Durch diese Grammatikalisierung ist der Adressat nicht allein auf den Kontext angewiesen, um den Sprecher-Referenten zu identifizieren – der Term bietet ihm ein Kriterium für die Identifikation.

Wenn man diese Konzeption von semantischer Referenz an den Referenz-Szenarien von § 4.1 testet, ergibt sich folgendes Bild. Im Martini-Szenarium (*Wer ist der Kerl mit dem Martini?*) gibt es keinen semantischen Referenten, da es keinen salientesten Mann gibt, der Martini trinkt (da der Sprecher fälschlicherweise denkt, dass der Mann, den er im Auge hat, Martini trinkt, kann es für ihn keinen Martini-Mann geben, der saliententer wäre). Der Adressat der Äußerung identifiziert den Sprecher-Referenten vor allem durch die Blickrichtung des Sprechers – in unserer fiktiven Situation. Da es keinen semantischen Referenten gibt, hat die Frage erstmal keinen vollständigen propositionalen Gehalt. Ein kooperativer Adressat setzt den Sprecher-Referenten an die Stelle des fehlenden semantischen Referenten und erhält dann den intendierten Fragegehalt.

Sprecher-Referenz ohne semantische Referenz liegt auch in dem folgenden Fall vor, wenn wir annehmen, der Sprecher bezieht sich auf eine der beiden Frauen (Beispiel nach Roberts 2004: 516):

(3) Eine Frau kam von links auf die Bühne und eine Frau kam von rechts auf die Bühne. ??Die Frau (/sie) trug einen Blumenstrauß.

Es liegt keine semantische Referenz vor, da es keine salienteste Frau gibt. Anders als im Martini-Szenarium hat der Adressat keine Möglichkeit, den Sprecher-Referenten unabhängig zu identifizieren, deshalb die Akzeptabilitätseinbuße (durch *??* markiert).

Im Portrait-Szenarium (*Er ist mein Vorbild*) ergibt sich der semantische Referent daraus, dass Marie mit der Verwendung des Pronomens intendiert, bei den Adressaten die Vorstellung des Gegenstandes hervorzurufen, der die salienteste männliche Person ist. Durch Maries deiktische Geste ist die portraitierte Person, Napoleon Bonaparte, die salienteste männliche Person. Da Chomsky der Sprecher-Referent ist (Marie hat ja ihn vor dem inneren Auge), fallen semantischer Referent und Sprecher-Referent auseinander (vgl. Newen/Schrenk ^{2}2013: 116).

Entsprechend ist im Claire-Szenarium (*Claire wird gewinnen, ich wette 100 €*) Claire der semantische Referent (wenn Sprecher und Adressat eine Claire kennen, an die sie sofort denken, wenn der Name fällt), aber eine andere Person der Sprecher-Referent.

Für das Mörder-Szenarium (*Der Mörder des Ministers – wer auch immer dies sein mag – ist hochgradig gestört*) wie für das 2100-Szenarium (*Das erste im 22. Jahrhundert geborene Kind wird in Afrika das Licht der Welt erblicken*) kann man von einer semantischen Referenz sprechen, wenn man als ‚Vorstellung' auch eine ‚abstrakte', nicht informationsbasierte Vorstellung von einem Gegenstand zulässt. Dann bezieht sich ein Sprecher mit dem Definitum auf einen bestimmten Gegenstand (vorausgesetzt, es gibt bzw. wird einen solchen geben) und das Definitum bezeichnet diesen Gegenstand. Dann würde das vorliegen, was ich in § 3.1 ‚Sprecher-Referenz ohne Bekanntschaft' genannt habe. Die Sprecher-Referenz auf den Gegenstand ist dabei nur durch das Definitum und seine Bedeutung möglich, also durch dessen semantische Referenz. Wie im Standardfall gehen Sprecher-Referenz und semantische Referenz konform, was als Normalfall bei Termen gelten darf – wie auch bei Quantoren, wo normalerweise weder semantische Referenz noch Sprecher-Referenz vorliegt.

Mit diesem referenziell-intentionalen Modell ist somit eine Unterscheidung von Sprecher- und semantischer Referenz möglich, bei der keine der beiden Formen von Referenz auf die andere reduziert wird (als Kontrast siehe etwa Recanati 2018). Es wird auch deutlich, dass die semantische Referenz zu Recht ihren Namen trägt – sie ist ein Grundbegriff der Semantik, da sie, nicht aber die Sprecher-Referenz, zum propositionalen Gehalt einer Äußerung beiträgt.

4.4 Contra semantische Referenz

Lassen wir nun die Skeptiker in Sachen semantischer Referenz zu Wort kommen. Diese gehen zum einen davon aus, dass Sprecher-Referenz die grundlegende Form von Referenz ist („People use expressions to refer to particular things"), zum anderen davon, dass es keinen Sinn mache, zu sagen, dass Ausdrücke einen Gegenstand (in der Welt) bezeichnen – es sei denn als abgekürzte Redeweise dafür, dass Sprecher die Ausdrücke benutzen, um sich auf einen Gegenstand zu beziehen (siehe insbesondere Strawson 1950: 326 ff., Searle 1969: 28, Neale 2004: 80).

Was ist das Problem? Nach Strawson (1950) kann ein Ausdruck nichts bezeichnen, da je nach Äußerungssituation mit einem Ausdruck auf Unterschiedliches Bezug genommen werden kann. Dies ist allerdings kein schlagendes Argument, da die Rede davon, dass Ausdrücke etwas bezeichnen, ja durchaus so verstanden werden kann, dass es vom Kontext abhängt, was Ausdrücke bezeichnen (Bach 2006). Dagegen lautet nun der Einwand, dass der Kontext dies nur in ganz wenigen Fällen zu leisten vermag, dass der Rekurs auf referenzielle Intentionen nötig ist und man diese nicht einfach dem Kontext zuschlagen kann (siehe Bach 2006, 2017). Dies ist nun kein prinzipielles Argument gegen Referenz als Relation mehr.

Ein prinzipielles Argument würde daraus, wenn der ‚Kontext' prinzipiell nicht dazu in der Lage wäre, für Referenz zu sorgen. Ein Ausdruck als solcher, das ist unbestritten, steht nicht in einer bestimmten Relation zu einem Gegenstand – das Lexem *ich* hat eine bestimmte konventionelle Bedeutung, steht aber nicht in Relation zu irgendeinem Sprecher. Wie kommt es nun, dass ein Ausdrucksvorkommen bzw. der Ausdruck in einer Äußerungssituation plötzlich zu einem bestimmten Gegenstand in Relation steht? Es ist schwer vorstellbar, dass der ‚Kontext' dies (zusammen mit der konventionellen Bedeutung des Ausdrucks) leisten können sollte. Dass es zu dieser Relation kommt, muss doch etwas sein, das durch die Person ermöglicht wird, die den Ausdruck verwendet – durch spezielle Intentionen der Person. Dann aber sind wir bei der Sprecher-Referenz, so das Argument. (Siehe jedoch die Konzeption in § 4.3, wo semantische Referenz auf einer referenziellen Intention basiert.)

Unter den Skeptikern finden wir auch Linguisten, sogar einen recht prominenten. Noam Chomsky ist zum einen auch der Meinung, dass nicht Ausdrücke referieren, sondern Personen mit Ausdrücken auf Gegenstände referieren, wobei referenzielle Intentionen eine Rolle spielen (siehe Chomsky 2000: 37). Zum zweiten hält er aber Referenz und allgemein Intentionalität (das ‚Gerichtetsein' auf Gegenstände) für einen Phänomenbereich, der in seiner Konzeption von Linguistik keinen Platz findet, da diese dem Paradigma der Naturwissenschaften folge und Integration mit den Naturwissenschaften ermöglichen solle.

Dass Referenz kein Phänomen ist, das man vom Standpunkt der Naturwissenschaften behandeln kann, wird schlaglichtartig klar, wenn man sich vergegenwärtigt, dass wir uns auf Tische, Städte, Sonnenuntergänge, Fehler, Faust, Helena, die Durchschnittsfamilie, die freie Marktwirtschaft und die Gerechtigkeit beziehen können, was alles keine Entitäten sind, die in den Naturwissenschaften vorkommen (Chomsky 2000: 39). Die natürliche Sprache besteht für Chomsky nur aus Syntax und Pragmatik, genauer: aus internen Computationen und aus Performanzsystemen, die auf jene zugreifen – die Sprache wird **nicht** dazu verwendet, die Welt zu repräsentieren (Chomsky 2000: 132; Stainton 2006: 935): „[G]eneral issues of intentionality, including those of language use, cannot reasonably be assumed to fall within naturalistic inquiry“ (Chomsky 2000: 132).

Doch, kann man einwenden, große Teile der Wissenschaft sind nicht ‚naturalistisch‘, d.h. sie verzichten nicht auf mentale Begriffe. Naturalistisch zu sein, ist nicht entscheidend, sondern ob ein wissenschaftliches Vorgehen ‚physikalistisch‘ ist (›Es gibt in unserer Welt nur physikalische Entitäten mit physikalischen Eigenschaften‹) oder nicht – und Referenz ist dies (siehe Dickie 2015: § 8).

An manchen Stellen in Chomsky (2000) scheint er das Projekt einer Referenz-basierten Semantik überhaupt in Frage stellen zu wollen: „[T]he argument for a reference-based semantics (apart from an internalist syntactic version) seems to me weak“ (Chomsky 2000: 132). Das Problem zeigt sich für ihn in Bezug auf die Polysemie von *Buch* (Buch als abstrakter Text vs. Buch als Exemplar eines Textes) in Sätzen, in denen Eigenschaften, die auf das Buch als Text, und Eigenschaften, die auf das Buch als Exemplar zutreffen, kombiniert werden und damit auf etwas referiert werden würde, das sowohl konkret wie abstrakt ist, wie in: *Wo ist das Buch, das vor dir liegt, erschienen?* (vgl. Chomsky 2000: 16 f., 37, 126).

Das Problem ist jedoch beseitigt, wenn man eine semantische Analyse vorlegen kann, der zufolge die Frage die Bedeutung hat: ›Wo ist das Buch erschienen, von dem ein Exemplar vor dir liegt?‹ Erst wenn gezeigt ist, dass eine solche Analyse unmöglich ist, haben wir ein Argument gegen eine Referenz-basierte Semantik.

Der amerikanische Philosoph Willard Van Orman Quine ist außerhalb philosophischer Zirkel bekannt für ein von ihm erdachtes Wort eines Sprecher einer fiktiven Sprache, das dieser immer wieder in Situationen verwendet, wo in der näheren Umgebung ein Hase durch die Landschaft hoppelt: „Gavagai“ Quine illustriert an dieser Äußerung seine These von der **Unbestimmtheit der Referenz**, engl. *indeterminacy of reference* (auch: Unerforschlichkeit der Referenz, engl. *inscrutability of reference*). Die These besagt, dass alle uns zur Verfügung stehende Evidenz nicht in der Lage ist, eindeutig festzulegen, worauf in einer Äußerung referiert wird. *Gavagai* könnte man übersetzen mit ›Hase‹, ›nicht abgetrennter Hasenteil‹ oder ›zeitliches Stadium eines Hasen‹ (Quine 1960: Kap. II; 1969).

Diese These scheint auf den ersten Blick etwas weit hergeholt. Sie basiert aber auf der Möglichkeit, die Referenz in Sätzen auf systematische Weise anders zu interpretieren, als man gewohnt ist, ohne dass sich am Wahrheitsgehalt der Sätze irgendetwas ändern würde (wahre Sätze bleiben wahr, falsche Sätze falsch).

Nehmen wir den Satz *Marie ist intelligent* und nehmen wir an, der Satz wäre wahr. Natürlich würden wir sagen, dass der Eigenname auf eine ganz bestimmte Marie referiert und dass *intelligent* ein Prädikat ist, das auf Lebewesen zutrifft, und zwar u.a. auf diese Marie. Was aber, wenn *Marie* gar nicht auf Marie, sondern auf den Schatten von Marie referiert (vgl. Davidson 1977)? Dies erscheint erstmal absurd. Doch wenn wir die Bedeutung des Prädikats entsprechend verändern, so dass *intelligent* bedeutet ›der Schatten von einem Gegenstand zu sein, der intelligent ist‹, bliebe der Satz weiterhin wahr: *Marie ist intelligent* wäre genau dann wahr, wenn der Schatten von Marie der Schatten von einem Gegenstand ist, der intelligent ist. Dies läuft nämlich darauf hinaus, dass der Satz genau dann wahr ist, wenn Marie intelligent ist. Trotz unterschiedlicher Referenz bekommen wir dieselbe Wahrheitsbedingung. Wenn allgemein Eigennamen und Terme nicht Gegenstände, sondern die Schatten der Gegenstände bezeichnen und die Prädikate entsprechend uminterpretiert werden, bliebe alles beim Alten. Die Evidenz, die dafürspricht, dass die Sätze wahr sind, ist mit beiden Arten, die Referenz anzugeben, kompatibel. Deshalb die Rede von der Unbestimmtheit der Referenz.

Wenn die Unbestimmtheit der Referenz ein Spezialfall der Unterbestimmtheit von Theorien ist, d.h. des Umstands, dass die Evidenz für eine Theorie nie so ist, dass es nicht noch andere Theorien geben könnte, die mit der Evidenz auch kompatibel wären, dann wäre die Unbestimmtheit der Referenz nichts sonderlich Problematisches. Quine hält die Unbestimmtheit aber für tiefergehender.

Anknüpfend an Quines Unbestimmtheit der Referenz hat Donald Davidson (1977) einen radikalen Angriff auf den Begriff der semantischen Referenz vorgenommen. Seine entscheidende Kritik ist, dass es unmöglich sei, Referenz zu erklären, ohne auf sprachliche Begriffe zu rekurrieren. Deshalb votiert er dafür, den Begriff der Referenz als einen grundlegenden Begriff einer empirischen Sprachtheorie aufzugeben.

Aufgabe 3: Erläutern Sie das hier entwickelte Verhältnis von Sprecher-Referenz (§ 3.1) und semantischer Referenz (§ 4.3) anhand deren Beziehung zu referenziellen Intentionen und illustrieren Sie das Verhältnis an drei Referenz-Szenarien.

Grundbegriffe: Deskriptivistisches Modell, kausales Modell.

Weiterführende Literatur: Hanks (2019), O'Rourke (2019), Recanati (2018).

5. Definita und Demonstrativa

Unter **Definita** sollen Nominalphrasen verstanden werden, die mit dem definiten Artikel (*das Fahrrad*, *der Hausmeister der Klinik*, *die letzte Bundestagssitzung*), einem Possessivum (*unsere Katze*, *seine schmutzigen Finger*) oder mit einem pränominalen Genitiv (*Schrödingers Katze*) beginnen und deren nominaler Kern kein ‚Name' ist, genauer: kein Nomen Proprium.

Damit sind Eigennamen keine Definita. Dieser Ausschluss hat erstmal nur den praktischen Grund, Eigennamen als eine spezielle semantische Gruppe von Nominalphrasen auszuzeichnen, die sich zumindest in manchen Aspekten von typischen Definita unterscheiden und in der Forschung als ein eigener Forschungsgegenstand behandelt werden. Wie groß die Unterschiede zwischen Eigennamen und Definita wirklich sind, muss sich erst zeigen (siehe § 6.5).

Definita, wie hier definiert, sind von ‚definiten Nominalphrasen' zu unterscheiden, d.h. von Nominalphrasen, die syntaktisch als [+definit] ausgezeichnet sind. Denn zu diesen gehören neben den Definita auch Eigennamen, Demonstrativa und einige Typen von Pronomen und quantifikationellen Nominalphrasen (vgl. Lyons 1999: § 1.2; Karnowski/Pafel 2004: § 4.3). Der Terminus Definitum, wie hier definiert, ist auch nicht gleichbedeutend mit *definite Beschreibung*: Diesen Terminus haben wir in § 1.4 rein semantisch definiert.

Demonstrativa sind Nominalphrasen, die mit einem demonstrativen Determinativ eingeleitet werden wie *dieses uralte Gebäude* oder *jene Kuchen mit Marzipan*, aber auch pronominale Verwendungen von *dieses*, *jenes* und *die*.

5.1 Verwendungsweisen

Definita: Definita weisen eine ganze Palette von unterschiedlichen Verwendungsweisen auf, wie in der Forschung herausgearbeitet wurde (siehe insbesondere Christophersen 1939 und Hawkins 1978; vgl. Pafel/Reich 2016: Kap. II.2.5.1).

Unmittelbar-situativer Gebrauch. Wir können mit einem Definitum auf einen Gegenstand Bezug nehmen, der in der Äußerungssituation salient ist.

(1) a. Gib mir bitte das Glas! Der Stuhl wackelt.
b. Das Fenster ist offen. Denk an den Wachhund!

Der Gegenstand ist entweder sichtbar bzw. wahrnehmbar oder er kann, ohne sichtbar zu sein, aus der Situation direkt erschlossen werden.

Abstrakt-situativer Gebrauch. Das, worauf sich der Sprecher mit dem Definitum bezieht, ist in der Äußerungssituation nicht salient, ist aber Sprecher und Adressat allgemein bekannt (familiäre Variante) oder kann von den Adressaten aus der Äußerungssituation und ihrem Weltwissen erschlossen werden, ohne den Gesprächsteilnehmern allgemein bekannt zu sein (nichtfamiliäre Variante).

(2) a. Gehst du mit in die Kneipe? Ist der Mond schon aufgegangen?
b. Wo ist der Ausgang? Wo ist der Hauptbahnhof?

Direkt-anaphorischer Gebrauch. Wenn in dem einer Äußerungssituation vorangehenden Diskurs ein Gegenstand bereits eingeführt wurde, dann kann man mit dem Definitum darauf Bezug nehmen.

(3) a. Plötzlich näherte sich ein Auto. Das Auto wurde langsamer und hielt schließlich an.
b. Ein Mann stieg aus, und, ohne etwas zu sagen, zog der Kerl eine Pistole.
c. Er hat drei Kugeln abgeschossen. Die Kugeln trafen mich nicht.

Assoziativ-anaphorischer Gebrauch. Es können im voragegangenen Diskurs Gegenstände eingeführt worden sein und mit einem Definitum bezieht man sich auf etwas, das in einer mehr oder weniger engen Beziehung zu dem eingeführten Gegenstand steht.

(4) a. Marie hat sich ein neues Buch über Mozart gekauft. Der Autor widerlegt darin gängige Klischees über Mozart.
b. Damit sich auch die Nachbarn und andere Interessierte ein Bild vom Leben und den Menschen in unserer Straße machen können, wird es ein kleines Fest geben. Das Ende wird gegen 17.30 Uhr sein.
c. Der Mord ist in der Wohnung passiert. Das Messer fand sich im Klo.
d. Sie reisten gemeinsam nach Schweden. Die Überfahrt mit der Fähre war nicht so angenehm.

Der letzte Fall ist interessant, insofern der Bezugsgegenstand ein Vorgang ist, der durch den ganzen Vorgängersatz eingeführt wurde.

Spezifisch-nichtfamiliärer Gebrauch. Es gibt Verwendungsweisen, wo sich der Referent des Definitums allein durch die Informationen ergibt, die das Definitum selbst bietet, er ist weder in der Äußerungssituation noch im Vorgängerdiskurs präsent. Der Referent muss dem Adressaten nicht bekannt sein; er ist ein ‚spezifischer' Gegenstand, nicht ein bestimmter Typ von Gegenstand.

(5) a. Ich habe das Buch, das ich mir geliehen habe, verloren.
b. Du kennst ja Schleswig-Holstein kaum. Dann hast du wohl auch noch nichts von dem Krebszentrum dort gehört. Wahrscheinlich wusstest du gar nicht, dass es dort ein Krebszentrum gibt.
c. Wir sind auf den höchsten Berg in der Gegend gestiegen.

Typenbezogener Gebrauch. Mit diesen Definita wird nicht auf ein konkretes Einzelding Bezug genommen, sondern auf einen Typ, eine Art, Gattung oder Sorte von Gegenstand – zum Beispiel eine Tierart oder einen Typ von Funktionsträger.

(6) a. Der Luchs wird in deutschen Wäldern langsam wieder heimisch.
b. Der Mensch von heute ist stets vernetzt. (*generische Verwendung*)
c. Der amerikanische Präsident wird anders als der deutsche vom Volk gewählt. (*funktionale Verwendung*)
d. Du solltest ins Krankenhaus gehen. (*schwach-definite Verwendung*)
e. Ich habe mir den Fuß verstaucht. (*schwach-definite Verwendung*)

Mit (6e) hat die Sprecherin offengelassen, welcher Fuß es ist, ohne dass dies das Verstehen beeinträchtigen würde. Erwähnenswert ist auch der Kontrast zwischen *ins Krankenhaus gehen* und *in das Krankenhaus gehen*. Im zweiten Fall kann nur ein bestimmtes, konkretes Krankenhaus gemeint sein.

Prädikativer Gebrauch. Definita können schließlich auch als prädikative bzw. appositive Nominalphrasen auftreten, wo sie eine Eigenschaft zu bezeichnen scheinen.

(7) a. Welches ist der meistgelesene Roman des Jahres?
b. ‚Tyll', der meistgelesene Roman des letzten Jahres, ist ausverkauft.
c. Jasmin ist die kleinste im Kindergarten.

Demonstrativa: Auch Demonstrativa weisen eine Reihe unterschiedlicher Verwendungsweisen auf.

Situativ-deiktischer Gebrauch. Das Demonstrativum referiert auf einen in der Äußerungssituation salienten Gegenstand.

(8) a. Dieser Stuhl (/das) wackelt.
b. Diese Stadt erstickt im Feinstaub.
c. Diese Eiscreme ist vorzüglich.

Der situativ-deiktische Gebrauch kann durch eine Zeigegeste, durch eine ‚Demonstration', begleitet werden. Diese hat dann die Funktion, einen Gegenstand salient(er) zu machen. In diesem Gebrauch kann auch auf saliente Arten bzw. Unterarten referiert werden.

Anaphorischer Gebrauch. Das Demonstrativum referiert auf etwas, das in dem vorangehenden Diskurs eingeführt wurde.

(9) a. Dann werden wir den Reichstag besuchen. Im Jahre 1999 hat dieses Gebäude die große Glaskuppel bekommen.

b. Der Anwalt sprach mit einem Klienten. Da der nicht viel Zeit hatte, vereinbarten sie ein weiteres Gespräch nächste Woche. [Vgl. § 8.1]

Diskurs-deiktischer Gebrauch. Das Demonstrativum referiert auf einen in der Äußerungssituation salienten inhaltlichen Aspekt des vorangehenden Diskurses.

(10) a. Diesen Punkt habe ich noch nicht verstanden.
b. Das kann unmöglich wahr sein.

Wiederaufgreifender (auch: **anamnestischer) Gebrauch**. Das Demonstrativum referiert auf einen Gegenstand, der neu in den Diskurs eingeführt wird, d.h. nicht in der Äußerungssituation salient ist, aber Sprecher und Adressat schon von früher bekannt ist (das Demonstrativ ist deakzentuiert).

(11) a. Ich habe dieses Buch, das ich mir geliehen habe, verloren.
b. Dieser Umstand, dass es kein Einzeltäter war, ist gut belegt.

Neueinführender (auch: **indefiniter**) **Gebrauch**. Das Demonstrativum referiert auf einen Gegenstand, der neu in den Diskurs eingeführt wird, d.h. nicht in der Äußerungssituation salient ist und auch dem Adressaten nicht schon von früher bekannt sein muss. Mit dem Demonstrativum wird etwas als neues Topik bestimmt.

(12) a. Da war dieser Typ, den ich schon irgendwo mal gesehen haben musste, und bestellt einen Gin Tonic.
b. Du wirst nicht glauben, was mir passiert ist. Gestern in der Kneipe hat mich dieser Typ angesprochen. Er war sehr nett und wir stellten fest, dass er aus meinem Heimatdorf kommt. (Deichsel 2015: 1)

Zu diesem Gebrauch kann man vielleicht auch Verwendungen zählen, wo auf einen ‚Typ' von Gegenstand Bezug genommen wird, der Sprecher und Adressat bekannt sein kann, aber nicht muss (vgl. Deichsel 2015: 131, wo sich auch die Beispiele finden):

(13) a. Im Leben jeder Frau gibt es diesen attraktiven Kollegen, mit dem sie ab und zu mal Essen geht.
b. Jeder kennt diesen Händler, der einem seine Ware völlig überteuert anbietet.

Definita und Demonstrativa im Vergleich: Es gibt offensichtlich Überlappungen in den Verwendungsmöglichkeiten von Definita und Demonstrativa. Der situativ-deiktische Gebrauch der Demonstrativa und der unmittelbar-situative der Definita weisen große Gemeinsamkeiten auf: Ob ich auf einem Stuhl sitzend sage „Der Stuhl wackelt" oder sage „Dieser Stuhl wackelt", so macht das kaum einen Unterschied. Direkt-anaphorischer Gebrauch der Definita und anaphorischer Gebrauch der Demonstrativa weisen ebenfalls große

Gemeinsamkeiten auf: Ob ich den Satz *Ein Mann stieg aus* fortsetze mit: *und, ohne etwas zu sagen, zog der Kerl eine Pistole* oder mit: *und, ohne etwas zu sagen, zog dieser Kerl eine Pistole*, so macht dies zwar einen Unterschied – das Demonstrativum scheint eine stärkere emotionale Beteiligung des Sprechers auszudrücken, doch ist von genau demselben Sachverhalt die Rede (vielleicht ist dieser emotionale Effekt darauf zurückzuführen, dass es durch die Verwendung des Demonstrativs zu einer Re-Inszenierung kommt.).

Die Gemeinsamkeiten enden schnell, wenn wir nach einem Gegenstück zum abstrakt-situativen und assoziativ-anaphorischen Gebrauch der Definita bei den Demonstrativa suchen. Wenn ich im großen Fußballstadion nach dem Ausgang suche und frage „Wo ist der Ausgang?“, wird man mich gut verstehen; frage ich jedoch „Wo ist dieser Ausgang?“, so darf ich mich über eine irritierte Reaktion nicht wundern (etwa: „Welcher Ausgang?“). Besser würde ich vielleicht verstanden werde, wenn ich fragte „Wo ist dieser verdammte Ausgang?“ Ein Pendant zum abstrakt-situativen Gebrauch der Definita scheint es bei den Demonstrativa nicht zu geben.

Ähnlich beim assoziativ-anaphorischen Gebrauch, der nur unter speziellen Bedingungen möglich ist (Doran/Ward 2019: § 12.1.4). Während *Auf dem Parkplatz stand ein Auto. Der Kofferraum war offen* eine unauffällige Satzsequenz ist, gilt dies nicht für *Auf dem Parkplatz stand ein Auto. Dieser Kofferraum war offen.* Siehe auch den Kontrast zwischen *Der Mord ist in der Wohnung passiert. Das Messer fand sich im Klo* und der unakzeptablen Sequenz *Der Mord ist in der Wohnung passiert. Dieses Messer fand sich im Klo* (es wird nicht auf ein Messer gedeutet). Der Grund scheint zu sein, dass das Messer nicht salient ist in der Äußerungssituation, auch nicht als von früher bekannt vorausgesetzt werden kann. Situative Bekanntschaft, Salienz in der Äußerungssituation (siehe oben § 1.5) scheint bei Demonstrativa eine größere Rolle zu spielen (vgl. Hawkins 1991: 414 f.).

Auch die typenbezogenen Gebräuche der Definita können mit Demonstrativa nicht eins-zu-eins nachgespielt werden (vgl. (6c) mit dem etwas merkwürdigen *Dieser amerikanische Präsident wird anders als der deutsche vom Volk gewählt*), obgleich, wie gesehen, Demonstrativa durchaus ‚Typen‘ bezeichnen können (siehe auch: *Dieser Wolf ist heute schon wieder überall anzutreffen* und *Jeder Pilot wird diesen ersten Flug nie vergessen*). Demonstrativa weisen damit nur einen Teil des Verwendungsspektrums der Definita auf.

Demonstrativa: Demonstrativa scheinen primär auf einen in der Äußerungssituation salienten Gegenstand zu referieren, d.h. auf einen Gegenstand, der wahrnehmbar ist oder im Vorgängerdiskurs behandelt wurde.

Nun kann ich mit *Diesen Wein möchte ich haben* auf eine Weinflasche Bezug nehmen, die zwischen mehreren Weinflaschen steht, so dass man sagen muss, dass in der Äußerungssituation mehrere Weinflaschen salient sind. Das Nomen ist nicht identifizierend genug. Durch die Richtung meiner Hand oder meines Blicks jedoch kann ich die intendierte Weinflasche salienter als die anderen Weinflaschen machen. Vor diesem Hintergrund kann man annehmen, dass *dieser Wein* die Bedeutung hat ›der in der Äußerungssituation salienteste Wein‹. Damit versteht man das Demonstrativ als eine definite Beschreibung (vgl. § 1.4): Semantisch besteht es aus dem Definitheitsoperator *dieser* und dem Prädikat *Wein*, und bezeichnet den in der Äußerungssituation salientesten Gegenstand, auf den das Prädikat zutrifft. Der Definitheitsoperator hat dann die Bedeutung ›der in der Äußerungssituation salienteste Gegenstand mit der Eigenschaft *F*‹ und bezeichnet zusammen mit dem Prädikat, das die Eigenschaft liefert, diesen Gegenstand, wenn es einen solchen gibt (vgl. Mount 2008 zur Rolle der Salienz).

Nun passen die beiden einführenden Gebräuche – der wiederaufgreifende wie der neueinführende – nicht richtig zu einer solchen semantischen Analyse. Man könnte allerdings überlegen, ob bei den einführenden Gebräuchen der Sprecher nicht vielleicht ‚re-inszenierend' *so tut, als ob* der Gegenstand situativ bekannt wäre, wobei allen Gesprächsteilnehmern klar ist, dass dem nicht so ist.

Die bisherige Analyse über Salienz kann aber noch nicht die Frage beantworten, was nötig ist, damit man eine Äußerung mit einem Demonstrativ versteht. Nehmen wir eine Äußerung des Satzes *Dieser Stuhl wackelt*, in dem das Demonstrativum situativ-deiktisch verwendet wird und auf einen Stuhl in der für Sprecher und Adressat wahrnehmbaren Umgebung referiert. Diese Äußerung versteht man nur dann vollständig, wenn man den Stuhl wahrnimmt und auf der Grundlage dieser perzeptuellen Information von dem Stuhl einen Gedanken bildet mit einer ‚Vorstellung' von diesem Stuhl und mit einem ‚Konzept' von Wackeln (siehe Evans 1982: Kap. 9). Das heißt, ein Hörer muss die Äußerung mit Informationen in Zusammenhang bringen, über die er verfügt, und über die Bedeutung ›der in der Äußerungssituation salienteste Stuhl‹ den Gegenstand identifizieren, der mit *dieser Stuhl* gemeint ist (Evans folgt hier Moore 1962: 158 und Strawson 1964; siehe auch Campbell 2004). Eine solche auf ‚demonstrativer Identifikation' beruhende Vorstellung von einem Gegenstand und der damit gebildete Gedanke ist ‚informationsbasiert' bzw. ‚bekanntschaftsbasiert', d.h. er beruht auf Informationen von einem Gegenstand, die man durch eine (kausale) Verbindung mit dem Gegenstand erhält (siehe auch unten § 8.1). Der Begriff der Bekanntschaft, der hier zugrundeliegt, steht in der Tradition des Begriffs *acquaintance* von Russell (1911).

Wir haben oben die Zeigegeste, die ein Demonstrativum begleiten kann, nur als Element gedeutet, das einen Gegenstand salient(er) macht. Es gibt aber Vorschläge, der Zeigegeste eine semantisch prominentere Rolle zu geben. David Kaplan vertrat die Auffassung, dass der Referent eines Demonstrativums über den Referenten einer ‚Demonstration' (einer Zeigegeste zum Beispiel) festgelegt wird (Kaplan [1977] 1989). Dieser Ansatz macht eine semantische Analyse von Demonstrationen nötig. Ein Problem für diesen Ansatz ist, dass die Verwendung von Demonstrativa oft nicht von Demonstrationen begleitet ist. Ein anderes Problem sind Fälle, wo der Referent der Demonstration nicht der Referent des Demonstrativums ist: Gegeben sei eine Situation, wo jemand auf einen Autoschlüssel deutend den Satz *Dieses steht hinten rechts* äußert und damit meint, dass das entsprechende Auto auf dem Parkplatz an einer bestimmten Stelle steht; *dieses* referiert auf das Auto und nicht auf den Schlüssel, wie man schon am Genus (*Schlüssel* ist Maskulinum) und an dem Prädikat *hinten rechts stehen* sieht (vgl. Nunberg 1993). Zu Demonstrativa und Demonstration siehe u.a. Braun (2008), Mount (2008) und Predelli (2012).

Kaplan (1989: § II) selbst hat später von dieser Vorgehensweise Abstand genommen und führt die ‚perzeptuelle Intention' des Sprechers als entscheidendes Element in die Analyse von Demonstrativa ein: Mit der Verwendung eines Demonstrativums intendiert der Sprecher sich auf das zu beziehen, was in seinem Wahrnehmungsfokus steht. Dass referenzielle Intentionen über den Fall der Demonstrativa hinaus für die Referenz von entscheidender Bedeutung sind, haben wir schon oben in den §§ 3.1 und 4.3 gesehen.

Ein wichtiges Element der Analyse von Kaplan ist die Annahme, dass bei Demonstrativa **direkte Referenz** vorliegt. Ein Ausdruck referiert direkt, wenn sein Referent Teil der Proposition ist, die der Satz, der den Ausdruck enthält, ausdrückt (siehe Kaplan [1977] 1989: 493). Eine solche Proposition wird ‚singuläre Proposition' oder auch ‚Russell-Proposition' genannt (vgl. Russell 1905: 492).

Wenn man fragt, ob eine solche Proposition bei einem anderen Weltverlauf hätte wahr sein können (*Hätte dieser Stuhl auch gelb sein können?*), so hängt die Wahrheit von den modalen Eigenschaften des Stuhls ab, auf den in der aktualen Äußerungssituation referiert wird: Wäre er immer noch derselbe Stuhl, wenn er nicht braun, sondern gelb wäre? Vor diesem Hintergrund sagt man, dass der Stuhl ‚Teil' der Proposition ist.

Direkt-referenziell bedeutet jedoch nicht, dass nichts die Beziehung zwischen dem Ausdruck und dem Referenten vermittelt (siehe Kaplan 1989: 568). Nicht nur Demonstrativa sind Kandidaten für direkt-referenzielle Ausdrücke, auch Eigennamen, Personalpronomen (*ich*, *du* etc.) und sogar Definita, wenn man sie referenziell analysiert (vgl. die Eigenschaft der Rigidität in § 6.1). Die Konzeption der direkten Referenz richtet sich unmittelbar gegen Frege, für den der Referent eines Eigennamens nie und nimmer Teil der Proposition (in seiner Terminologie: des Gedankens) sein kann.

Bei Demonstrativa wird seit einiger Zeit auch die Auffassung vertreten, dass es sich nicht um Terme, sondern um Quantoren handele (siehe insbesondere King 2001, Roberts 2002). Dabei werden Sätze wie die folgenden ins Spiel gebracht, wo das Demonstrativum offensichtlich nicht ein bestimmtes Einzelding bezeichnet:

(14) Von jedem Hund in unserer Nachbarschaft, selbst vom hinterhältigsten, glaubt sein Besitzer, dass <u>dieser</u> süß ist.
(15) In jeder Mannschaft gibt es einen Schwachpunkt. <u>Diesen</u> müssen wir finden.
(16) Wenn ein Sportler sich am Knöchel verletzt, wird <u>diese Verletzung</u> sofort auf besondere Weise behandelt.
(17) Kein Mann darf <u>dieses Datum</u> vergessen: den Geburtstag seiner Frau.

Wenn man Demonstrativa als definite Beschreibungen versteht, dann ist eine Quantorenanalyse durchaus eine Option (siehe § 5.3).

Definita: Wir verwenden problemlos Definita oft, ohne dass der (einfache oder komplexe) nominale Ausdruck, der mit dem definiten Artikel zusammen vorkommt, eine identifizierende Eigenschaft bezeichnen würde, d.h. eine Eigenschaft, die auf einen einzigen Gegenstand zutrifft. Wir sagen *Der Stuhl wackelt*, obgleich es unzählige Stühle auf der Welt gibt, meinen aber einen ganz bestimmten Stuhl und können auch so verstanden werden. Wir haben dieses Phänomen, die **Unvollständigkeit der Beschreibung**, auch schon bei den Demonstrativa gesehen (*diesen Wein*). Etwas Ähnliches gibt es auch bei den Quantoren: Wir sagen *Alle haben gelacht* und es ist klar, dass wir nicht von allen Menschen überhaupt reden, sondern von einer bestimmten Gruppe von Menschen, die sich durch den Vorgängerdiskurs erschließt.

Es gibt zwei Strategien, das Problem der Unvollständigkeit bei Definita zu lösen:

- Die **Strategie der Erweiterung** geht davon aus, dass die Eigenschaft, durch die der Gegenstand eindeutig beschrieben wird, unvollständig ausgedrückt ist, und erweitert die ausgedrückte Eigenschaft so, dass eindeutig ein Gegenstand die Eigenschaft aufweist. *Der Stuhl wackelt* würde man dann analysieren können als ›Der Stuhl, auf dem ich gerade sitze, wackelt‹. Dann ist die relevante Eigenschaft die Eigenschaft Ein-Stuhl-Sein-auf-dem-ich-gerade-sitze (vgl. Löbner 1985, Hawthorne/Manley 2012).
- Die **Strategie der Beschränkung** schränkt die in Frage kommenden Gegenstände ein. Es gibt sie in mehreren Varianten. Eine Variante geht davon aus, dass wir implizit mit verstehen, dass es sich bei dem Gegenstand um den salientesten Gegenstand mit der genannten Eigenschaft handelt (von dieser Variante haben wir bei den Demonstrativa Gebrauch gemacht). Die Salienz soll sichern, dass genau **ein** Gegenstand als Referenzobjekt gelten kann. *Der Stuhl wackelt* verstehen wir demnach als ›der für die Gesprächsteilnehmer salienteste Stuhl wackelt‹ (vgl. Lewis 1979 und von Heusinger 1997). In einer anderen Variante der Strategie der Beschränkung wird angenommen, dass das Definitum auf eine ganz bestimmte ‚kleine' Situation bezogen ist, in der es genau einen Gegenstand mit der genannten Eigenschaft gibt (vgl. Stanley/Szabó 2000, Recanati 2004, Elbourne 2013).

Es ist nicht leicht zu entscheiden, welche der beiden Strategien die richtige ist. Wie wir sehen werden, brauchen wir sie vielleicht beide, wenn wir die Definita umfassend verstehen wollen.

Die Ähnlichkeiten zwischen Definita und Demonstrativa kann man erfassen, wenn man annimmt, dass Definita eine Lesart haben, in der sie eine definite Beschreibung sind mit einer ähnlichen Bedeutung des Definitheitsoperators wie bei den Demonstrativa, und zwar mit der Bedeutung ›der salienteste Gegenstand mit der Eigenschaft *F*‹. *Der Stuhl wackelt* bezeichnet dann den salientesten Gegenstand mit der Eigenschaft Ein-Stuhl-Sein, also den salientesten Stuhl. Im Unterschied zu den Demonstrativa fehlt die Einschränkung auf die Äußerungssituation. Da Salienz situative **und** allgemeine Bekanntschaft umfasst (siehe oben § 1.5), erklären sich die Ähnlichkeiten zu den Demonstrativa, die situative Bekanntschaft voraussetzen. Durch die allgemeine Bekanntschaft ist bei Definita der familiäre abstrakt-situative Gebrauch möglich, wo der Referent bekannt ist, aber nicht in der Äußerungssituation gegeben ist (*Gehst du mit in die Kneipe?*).

Bekanntschaft bzw. Familiarität wird schon lange als ein Merkmal der Definita betrachtet – prominent seit Christophersen (1939). Die Frage ist jedoch, ob damit alle Gebräuche der Definita erfasst werden können.

Beim spezifisch-nichtfamiliären Gebrauch (*Wir sind auf den höchsten Berg in der Gegend gestiegen*) liefert das Nomen und seine Attribute alles, um das Referenzobjekt eindeutig zu bestimmen. Wie die Bezeichnung schon sagt, ist Bekanntschaft aufseiten aller Gesprächsteilnehmer nicht nötig (insbesondere nicht beim Adressaten). Hier scheint der definite Artikel die Bedeutung zu haben ›der Gegenstand, der als einziger die Eigenschaft *F* hat‹ – eine Bedeutungsvariante, die den Demonstrativa nicht zur Verfügung steht. Mit dieser Bedeutungsvariante und der Strategie der Erweiterung kann man nun auch den assoziativ-anaphorischen Gebrauch sowie die nichtfamiliären abstrakt-situativen Gebräuche erklären, die bislang noch nicht erfasst sind. In *Wo ist der Ausgang?* ist das Definitum eine definite Beschreibung mit der Bedeutung ›der Gegenstand, der als einziger die Eigenschaft Ein-Ausgang-aus-diesem-Gebäude-Sein hat‹, wenn es um diesen Ausgang geht. In *Der Mord ist in der Wohnung passiert. Das Messer fand sich im Klo* ist das Definitum eine definite Beschreibung mit der Bedeutung ›der Gegenstand, der als einziger die Eigenschaft hat: Ein-Messer-Sein-mit-dem-der-Mord-begangen-wurde‹.

Damit hat bei Definita der definite Artikel zwei Bedeutungsvarianten: Einzigkeit mit Salienz einerseits und Einzigkeit ohne Salienz andererseits. Was jetzt noch fehlt, sind die typenbezogenen Verwendungen. *Der Luchs* kann nicht nur auf einen salienten bzw. bekannten Luchs im Zoo referieren, sondern auch auf die Tierart dieses Namens. Definita können nicht nur auf konkrete Einzeldinge, sondern auch auf Typen bzw. Gattungen referieren. In *Der Luchs wird in deutschen Wäldern langsam wieder heimisch* bedeutet das Definitum ›die Gattung mit der Eigenschaft, dass jedes Exemplar ein Luchs ist‹ (genauer siehe unten § 7.6).

Es ist aber auch möglich, sich auf eine saliente Gattung zu beziehen wie in *Die Grundel ist in deutschen Gewässern heimisch geworden. Den gefräßigen Fisch findet man heute in vielen deutschen Flüssen.* Das unterstrichene Definitum referiert auf die Gattung der Grundeln und nicht etwa auf die Gattung der Fische oder der gefräßigen

Fische. Es hat die Bedeutung: ›die salienteste Gattung mit der Eigenschaft, dass jedes Exemplar ein Fisch ist‹ – *gefräßig* ist hier ein appositives Adjektiv, das für die Referenz keine Rolle spielt (vgl. die Analyse in Pafel 2020: C.3).

Auch bei der funktionalen Verwendung bezeichnet das Definitum einen ‚Typ' (einen Typ von Funktionsträger, eine ‚Rolle'), ebenso bei der schwach-definiten Verwendung (vgl. Aguilar-Guevara/Zwarts 2010). *Marie ist zum Arzt gegangen* ist so ein Beispiel, wo nur Typ-Referenz vorliegt. Das Prädikat *zum Arzt gehen* trifft auf jemanden genau dann zu, wenn er zu einem Exemplar des Typs ‚Arzt' geht und sich untersuchen bzw. behandeln lässt. Die Wahrheitsbedingung des Satzes läuft also auf eine Existenzquantifikation hinaus (›ein Exemplar des Typs‹). Wenn man die drei typenbezogenen Gebräuche als Typ-Referenz deutet, ergibt sich eine verblüffende Parallele zu den drei Verwendungsweisen der Indefinita (generisch, spezifisch, unspezifisch – siehe § 7), wenn man bei den Indefinita auch von Typ-Referenz ausgeht (siehe Pafel 2005: § 7).

Bei diesem Blick auf die Semantik von Definita hat der definite Artikel ein kleines Spektrum an Bedeutungsvarianten, das sich mit Hilfe der Merkmale [±salient] und [±Typ] beschreiben lässt. Gemeinsam ist, dass der Artikel das Merkmal der Einzigkeit aufweist.

Den definiten Artikel als polysem zu betrachten, ist allerdings nicht die vorherrschende Sichtweise, die Definita monosem zu analysieren versucht (einflussreich ist hier die Methodologie von Paul Grice komprimiert in dem Slogan ‚Senses are not to be multiplied beyond necessity' – Grice 1989: 47). Wenn man den definiten Artikel monosem halten will, kann man eine Bedeutungsvariante als dessen eigentliche Bedeutung betrachten und die anderen etwa als konversationelle Implikaturen abzuleiten versuchen (vgl. Abbott 2019: § 7.5.3 und Hawthorne/Manley 2012: § 5). Für Polysemie spricht, dass es Sprachen gibt, die verschiedene Formen von definiten Artikeln aufweisen (siehe Schwarz 2013; vgl. Löbner 2011). Zudem ist so gut wie jedes Verb, Nomen oder Adjektiv und jede Präposition polysem – Artikel als große Ausnahme?

Wir haben in der semantischen Analyse bisher nur Demonstrativa und Definita im Singular betrachtet, die ein Individuativum (*count noun*) als nominalen Kern aufweisen und den Bezug auf ein einziges Individuum ermöglichen. Wenn man auch Phrasen im Plural sowie Phrasen mit Kontinuativa (*mass nouns*) erfassen will, arbeitet man seit Sharvy (1980) mit dem Begriff der **Maximalität**, der Verallgemeinerung von Einzigkeit. *Die Herausgeber der ‚Kinder- und Hausmärchen'* bezeichnet die maximale Menge an Gegenständen, auf die

die Eigenschaft Herausgeber-der-‚Kinder-und-Hausmärchen‘-Sein zutrifft. Die beiden Brüder Grimm sind die maximale Menge, da auf jeden von ihnen diese Eigenschaft zutrifft, aber auf niemanden sonst. *Das Wasser in dem Topf* bezeichnet die maximale Menge an Wasser in dem Topf. (Siehe auch oben § 2.1).

5.3 Definite Beschreibungen: Term oder Quantor oder was?

Da Demonstrativa und Definita prototypische Beispiele dafür sind, dass sich Sprecher mit Ausdrücken auf Gegenstände beziehen, liegt es sehr nahe, anzunehmen, dass es sich bei Demonstrativa und Definita um Ausdrücke handelt, die Gegenstände bezeichnen, also um **Terme**. In der Tat verhalten sich die Definita in allen ihren Gebräuchen in Bezug auf Negations- und Quantorensensitivität (vgl. § 1.3) wie Terme und nicht wie Quantoren (vgl. Löbner 1985). Nur zwei Beispiele: *Die beiden Philosophen sind nicht eingeladen worden* ist gleichbedeutend mit *Es ist nicht der Fall, dass die beiden Philosophen eingeladen worden sind* (vgl. Grice 1989: 272); ebenso: *Das Gemälde wollten viele kaufen* und *Viele wollten das Gemälde kaufen*. Wenn sich der Kontrast zwischen Termen und Quantoren daraus erklärt, dass Terme etwas bezeichnen, Quantoren aber nicht, ist dies starke Evidenz für den Term-Charakter der Definita.

Wenn man Definita als Terme analysiert, die einen Gegenstand bezeichnen, der ein Individuum, eine Pluralität oder eine Substanzmenge sein kann (vgl. § 2.1), so hängt viel an der semantischen Hintergrundstheorie: Gehört der bezeichnete Gegenstand zur Proposition, so liegt direkte Referenz (siehe § 5.2) vor, gehört aber sein ‚Sinn‘ zur Proposition, so haben wir eine Frege'sche Konzeption vorliegen (einführend zu Frege Pafel/Reich 2016: Kap. IV.1.2 sowie Pafel 2020: A).

Als Terme behandelt die Definita auch die Position, der zufolge Definita (wie die Indefinita, siehe § 7.4) ‚freie Individuenvariablen‘ sind, die Familiarität (Bekanntschaft) präsupponieren (Heim 1982). Es gibt etliche Varianten dieser Sichtweise, die in der Diskursrepräsentationstheorie (siehe § 7.4) bevorzugt wird (siehe auch Rothschild 2007 sowie Fara 2001).

In der logischen Semantik wird seit Bertrand Russells *On denoting* (1905) auch die konträre Position vertreten, dass es sich nämlich bei Definita und bei definiten Beschreibungen allgemein um **Quantoren** handelt. Ein Satz wie *Die Königin von England ist verheiratet* wird von Russell als Existenzquantifikation gedeutet: ›Es gibt eine und nur eine Person, die Königin von England ist, und diese ist verheiratet.‹ Ein solcher Satz besteht damit aus drei Aussagen:

(18) *Die F ist G.*[z.B. *F=Königin von England, G=verheiratet*]
  a. Es gibt eine *F*. (Existenzaussage)
  b. Es gibt höchstens eine *F*. (Einzigkeitsaussage)
  c. Was *F* ist, ist *G*. (Prädikation)

In keiner der drei Teilaussagen wird auf ‚die *F*' referiert. Denn eine definite Beschreibung ist ein Quantor: *die F* bedeutet ›Es gibt genau eine *F* und für diese gilt‹ (siehe Evans 1982: 58, Neale 1990 u.a.).

Motiviert war Russells **Theorie der definiten Beschreibung** durch Probleme, die sich ergeben, wenn man Sätze mit Definita betrachtet, die nichts in der Welt bezeichnen, Sätze, die trotzdem sinnvoll und manchmal wahr, manchmal falsch zu sein scheinen:

(19) a. Der gegenwärtige König von Frankreich hat eine Glatze.
  b. Der gegenwärtige König von Frankreich hat keine Glatze.
  c. Mein Vater hat gestern mit dem König von Frankreich gespeist.
  d. Max glaubt, dass im Élysée-Palast der gegenwärtige König von Frankreich wohnt.
  e. Den König von Frankreich gibt es nicht.
  f. Der König von Frankreich existiert nicht.

Wie können die Sätze wahr oder falsch sein, wenn es den Referenten des ‚leeren' Definitums gar nicht gibt? Aber nicht nur so offensichtlich leere Definita werfen Probleme auf, auch ganz unauffällige Definita im Skopus von Quantoren tun dies: In

(20) Jeder hat sein Fahrrad dabei

kann das Definitum ja nicht ein bestimmtes Fahrrad bezeichnen, da jeder sein eigenes mitgebracht haben kann.

Wenn Definita keine Terme, sondern Quantoren sind, stellen die Sätze in (19) kein Problem dar. Nach Russell müssen (19a) und (19c) falsch sein, da aus ihnen folgt, dass es gegenwärtig einen König von Frankreich gibt. (19b) ist wahr oder falsch je nachdem, wie weit sich der Bereich der Negation erstreckt (›Es ist nicht der Fall, dass es genau einen KvF gibt und dass der eine Glatze hat‹ oder ›Es gibt genau einen KvF, aber der hat keine Glatze‹). (19d) ist wahr, wenn das Definitum nur Skopus über den *dass*-Satz hat (›Max glaubt, dass es genau einen KvF gibt und dass der eine Glatze hat‹). Die Analyse der negierten Existenzsätze ist nicht so offensichtlich, da mit Definitum und *existieren* zwei Existenzquantoren auftreten.

Interessant ist, dass Russell (1905) in dem Fall, wo ein Definitum nicht leer ist, davon redet, dass die definite Beschreibung den Gegenstand ‚denotiert'. Wir haben in diesem Fall ein Wissen von dem

Gegenstand, das nicht auf Bekanntschaft, sondern auf Beschreibung basiert (*knowledge by description* – siehe Russell 1911).

Auf der Seite derjenigen, für die Definita Quantoren sind, gibt es auch die Position, dass der Satz ‚Die *F* ist *G*' dieselbe Semantik hat wie der Satz ‚Eine *F* ist *G*' und damit eine einfache Existenzquantifikation ist, wobei sich die Unterschiede rein pragmatisch ableiten lassen (Ludlow/Segal 2004, Hawthorne/Manley 2012). Eine einfache existenzielle Analyse wird manchmal motiviert mit Fällen, wo keine Einzigkeit vorzuliegen scheint, wie in:

(21) Ein Hund humpelte durch den Park. <u>Der Hund</u> humpelte, da er mit einem anderen Hund gekämpft hatte. Anscheinend haben sie sich beide gebissen. <u>Der andere Hund</u> humpelte auch durch den Park. (Nach Szabó 2000)

Man kann den Fall leicht so konstruieren, dass der Sprecher nicht in der Lage ist, die beiden Hunde auseinanderzuhalten.

Nun ist es keine Option, anzunehmen, dass Definita manchmal Terme, manchmal Quantoren sind. Denn auch in (19) und (20) verhalten sich die Definita, was Negations- und Quantorensensitivität angeht, sehr weitgehend wie Terme.

Die wesentlichen Annahmen und Schlussfolgerungen von Russell sind besonders von Peter F. Strawson in *On referring* (1950) in Frage gestellt worden. Strawson betrachtet Definita als Terme, mit denen man auf etwas referieren kann. Ihm zufolge reagiert ein kompetenter Sprecher auf die Sätze (19a) und (19b) wegen der fehlenden Referenz mit Befremden und hält sie für weder wahr noch falsch (Russell hatte (19a) einfach als falsch deklariert). Strawson zufolge wird die Existenzannahme (18a) nicht behauptet, sondern vorausgesetzt – ein Definitum ‚präsupponiert', dass es etwas gibt, das dem Definitum entspricht (hier folgt Strawson, ohne dass ihm dies damals bewusst war, der Analyse von Definita in Frege 1892: 40). Wenn die **Existenzpräsupposition** nicht erfüllt ist, ist die entsprechende Aussage weder wahr noch falsch. Strawson gesteht aber zu, dass wir Sätze wie (19c) intuitiv als falsch bewerten, obwohl auch bei ihnen die Präsupposition nicht erfüllt ist (zu diesen unterschiedlichen Intuitionen bezüglich Sätzen mit leeren Definita siehe von Fintel 2004 und Atlas 2004). Auch negative Existenzsätze wie (19e) hielt Strawson für wahr (nicht für weder wahr noch falsch), erklärte aber nie, warum hier keine Existenzpräsupposition auftritt.

Keith Donnellan hat in dem Aufsatz *Reference and definite descriptions* von 1966 eine Unterscheidung zweier Verwendungen von definiten Beschreibungen vorgestellt – die referenzielle und die attributive –, die viel diskutiert geworden ist, ohne dass man sich über ihren Status (semantisch oder pragmatisch?) hat einig werden können (vgl. das Martini- und das Mörder-Szenarium in § 4.1). Bei der **referenziellen Verwendung** hat der Sprecher einen Gegenstand vor Augen, über den er mit der definiten Beschreibung reden will, wobei es gar nicht so wichtig ist, ob dieser Gegenstand der Beschreibung auch entspricht. Jemand kann auf einem Empfang fragen „Wer ist der Typ mit dem Martini?“ und der Adressat versteht, auch wenn er weiß, dass der Gemeinte gar keinen Martini trinkt. Bei der **attributiven Verwendung** spielt die Beschreibung dagegen eine wesentliche Rolle. Aus den Umständen eines unaufgeklärten Mordes kann jemand zu dem Schluss kommen „Der Mörder ist geistesgestört“, wobei er keine bestimmte Person vor Augen hat (man kann nach der definiten Beschreibung *wer auch immer dies ist* hinzufügen). Donnellan war der Ansicht, dass Russell die referenzielle und Strawson die attributive Verwendung nicht erfassen kann.

Negative Existenzsätze wie *Der König von Frankreich existiert nicht* sind ein klarer Fall, dass es Verwendungen von Definita gibt, wo diese nicht auf das Individuum zu referieren scheinen, das die Eigenschaft (hier: König-von-Frankreich-Sein) aufweist. Quantoren können sie eigentlich auch nicht sein. Worauf referieren sie dann?

Wir haben gesehen, dass es für einige Gebräuche der Definita plausibel ist, anzunehmen, dass Definita auf Typen referieren (typenbezogener Gebrauch). Dies könnte nun auch bei negativen Existenzsätzen der vorliegenden Art der Fall sein: *Dieser Typ von Gegenstand existiert nicht* und *Eine solche Art von Gegenstand gibt es nicht* sind unauffällige Äußerungen. Unter diesem Blickwinkel erscheint es nur folgerichtig, dass negative Existenzsätze mit Definita (die manchmal durchaus etwas holprig klingen) sich ganz zwanglos in negative Existenzsätze mit Indefinita übersetzen lassen: *Einen König von Frankreich gibt es nicht*; *Ein König von Frankreich existiert nicht.* Denn Referenz auf Typen (bzw. Gattungen) ist etwas für Indefinita Charakteristisches (siehe § 7). Dass ein Typ nicht existiert, bedeutet, dass kein Exemplar des Typs existiert bzw. dass es kein Exemplar des Typs gibt, das existiert.

Diesen Zusammenhang zwischen Typ-Referenz und ‚Existenz‘-quantifikation haben wir bei den Definita schon in § 5.2 beobachtet, wo es durch das Definitum indirekt zu einer Existenzquantifikation kommt: *Marie ist zum Arzt gegangen* ist genau dann wahr, wenn es ein Exemplar des Typs ‚Arzt‘ gibt, zu dem Marie gegangen ist, um sich untersuchen bzw. behandeln zu lassen. Entsprechend bei funktional verwendeten Definita in einem modalen Kontext wie in *Es ist durchaus möglich, dass der amerikanische Präsident nach der nächsten Wahl eine Frau ist.* Der Satz ist genau dann wahr, wenn es möglich ist, dass es nach der nächsten Wahl ein Exemplar des Typs ‚amerikanischer Präsident' gibt, das eine Frau ist. Ähnliche Verhältnisse könnten auch bei Definita wie in *Jeder hat sein Fahrrad mitgebracht* vorliegen, wo das Definitum eine Variable enthält, die von einem Quantor gebunden wird: Es kann keine Referenz auf ein Individuum vorliegen, aber Referenz auf den Typ ‚das eigene Fahrrad' (›Von jedem gilt, dass er ein Exemplar des Typs ‚das eigene Fahrrad' mitgebracht hat‹). „Referenz oder Quantifikation" scheint unter dieser Perspektive gar nicht immer eine Alternative zu sein: Es kommt darauf an, wie Referenz und Quantifikation bei Definita zusammenwirken.

Doch Stand der Forschung ist: Die Frage „Sind definite Beschreibungen Terme oder Quantoren?" wird – wie zu Zeiten von Frege und Russell – unterschiedlich beantwortet und wird, da sich kaum Konvergenz in den Auffassungen abzeichnet, noch lange keine definitive Antwort finden.

Aufgabe 4: Welcher Gebrauch des Definitums liegt in den folgenden Sätzen jeweils vor?

(1) Pass auf, der Stapel kippt gleich um.
(2) Das Haus stand bereits in Flammen. Das Dach war schon eingestürzt.
(3) Sie wollte mir nicht die Hand geben.
(4) Das ist doch nicht etwa die Erstausgabe des Buches?

Aufgabe 5: In welchen Fällen ist aus welchen Gründen eine Ersetzung des Definitums durch ein Demonstrativum in (1) bis (4) möglich?

Aufgabe 6: Machen Sie sich noch einmal klar, was das Problem der Unvollständigkeit der Beschreibung ist und welche Strategien es zur Bewältigung des Problems gibt.

Grundbegriffe: Einzigkeit, Bekanntschaft, Salienz, Unvollständigkeit der Beschreibung, direkte Referenz

Weiterführende Literatur: Christophersen (1939), Donnellan (1966), Doran/Ward (2019), Hawkins (1978), (1991), Ludlow (2018).

6. Eigennamen

Eigennamen sind Nominalphrasen wie *Marie, Einstein, Goethestraße, der Neckar, die Schweiz.* Sie bestehen aus

- einem Nomen Proprium (*Marie, Einstein, Goethestraße, Neckar, Schweiz*), mehreren Nomen Propria (*Marie Curie, Albert Einstein*) oder einer ‚Proprialphrase' (*große Mauer, Deutsche Gesellschaft für Sprachwissenschaft*)
- und gegebenenfalls einem definiten Artikel.

Da in der deutschen Standardvarietät Personennamen ohne Artikel verwendet werden können, ist der Unterschied zwischen Nomen Proprium und Eigennamen nicht so deutlich (in der deutschen Umgangsvarietät und vielen Dialekten dagegen werden auch Personennamen mit Artikel verwendet). Englischen Grammatiken ist der Unterschied zwischen *proper name* (Eigename) und *proper noun* (Nomen Proprium) bereits geläufig, mittlerweile ist diese Unterscheidung in der Forschung weitgehend als grundlegend akzeptiert.

Neben Eigennamen im eigentlichen Sinne, wie wir sie bisher betrachtet haben, gibt es noch Eigennamen in einem erweiterten Sinne, ‚modifizierte Eigennamen', die zusätzlich Adjektiv- bzw. Präpositionalphrasen als Attribute oder enge Appositionen zum Proprium aufweisen (*der coole Moritz*; (*der*) *Moritz aus München*; (*der*) *Moritz, der in München wohnt*; *Kriminalhauptkommissar Leitmayr*) oder ein anderes Determinativ als den definiten Artikel haben (wie in *Welchen Moritz meinst du?* und *Wohnt hier ein gewisser Moritz Melchior?*).

6.1 Eigenschaften von (Sätzen mit) Eigennamen

Eigennamen bezeichnen typischerweise einen Gegenstand, der einen bestimmten ‚Namen' trägt. Diesen Namen hat der Träger des Namens in einem (in)formellen Namengebungsakt (einer ‚Taufe') bekommen. Dabei gilt es zu beachten, dass beliebig viele Gegenstände denselben Namen tragen können, kein Name ist exklusiv (nicht einmal *Gott*). Was die Referenz angeht, so scheinen Eigennamen damit kontextabhängig zu sein: Es hängt vom Kontext, in dem der Name verwendet wird, ab, wer oder was der Referent ist.

Es gibt eine Reihe von Konstruktionen, in denen die Ersetzung (Substitution) eines Eigennamens durch einen anderen Eigennamen mit demselben Referenten zu einer Änderung der semantischen

Eigenschaften der Konstruktion führt, obgleich sich an der Referenz der Eigennamen nichts geändert hat:

(1) a. Novalis ist Friedrich von Hardenberg.
    b. Novalis ist Novalis.

(2) a. Wenn Novalis ein bedeutender Schriftsteller ist, dann ist (auch) Friedrich von Hardenberg ein bedeutender Schriftsteller.
    b. Wenn Novalis ein bedeutender Schriftsteller ist, dann ist Novalis ein bedeutender Schriftsteller.

(3) a. Sie weiß, dass Novalis ‚Heinrich von Ofterdingen' geschrieben hat.
    b. Sie weiß, dass Friedrich von Hardenberg ‚Heinrich von Ofterdingen' geschrieben hat.

(4) a. Clark Kent ging in die Telefonzelle und Superman kam heraus.
    b. Superman ging in die Telefonzelle und Clark Kent kam heraus.

Während (1a) ein informativer Identitätssatz ist, ist (1b) uninformativ; das gleiche gilt von den Konditionalgefügen in (2). Noch gravierender in den Einstellungsberichten in (3): (3a) könnte wahr sein und (3b) gleichzeitig falsch – obgleich nur ein Eigenname durch einen anderen mit demselben Referenten ersetzt wurde. (4a) scheint von einem Vorgang zu berichten, bei dem ein normal gekleideter Mann in eine Telefonzelle hineingeht und im Superman-Kostüm herauskommt, (4b) aber von dem umgekehrten Vorgang (vgl. Saul 2007).

Einstellungsberichte mit Eigennamen werfen noch weitere Probleme auf, insbesondere das Paderewski-Problem (Kripke 1979). Ignace Jan Paderewski (1860–1941) war in seiner Jugend ein gefeierter Pianist und Komponist, ging später in die Politik und wurde polnischer Ministerpräsident. Nach Niederlegung seiner politischen Ämter nahm er seine pianistische Tätigkeit wieder auf. Nehmen wir nun an, Marie kennt Paderewski als Pianisten und Komponisten. Sie hat auch schon mehrmals von dem polnischen Staatsmann Paderewski gehört, weiß aber nicht, dass es sich um ein und dieselbe Person handelt. Und sie ist der festen Überzeugung, dass Politiker völlig unmusikalisch sind. Wie ist dann die folgende Frage zu beantworten: „Glaubt Marie, dass Paderewski musikalisch ist?" Es ist überraschend schwierig, diese Frage sicher zu beantworten.

Negative Existenzsätze stellen auch eine Herausforderung für die Semantik da: Wenn der Satz *Moses hat nicht existiert* wahr ist, dann ist der Satz wahr, obwohl der Eigenname keinen Referenten zu haben scheint – von wem ist dann die Rede?

Einen interessanten Sonderfall stellen ‚deskriptive Eigennamen' dar, Eigennamen, deren Referenz durch eine Beschreibung festgelegt wurde. Beispiele sind *Newman 1*, wenn damit das erste im 22. Jahrhundert geborene Kind gemeint ist (Kaplan 1968: 200 f.), oder

Julius, wenn damit die Person, wer auch immer dies sei, gemeint ist, die den Reißverschluss erfunden hat (Evans 1982: 31).

Schließlich haben Eigennamen eine Eigenschaft, die sie von (manchen) Definita unterscheidet, sie sind ‚rigide', d.h. sie bezeichnen innerhalb und außerhalb eines modalen Kontextes dasselbe. Ob ich sage *Obama ist Demokrat* oder *Es ist durchaus möglich, dass Obama sich im nächsten Wahlkampf wieder stark engagiert* – in beiden Fällen bezeichnet der Eigenname Obama. Dieses Faktum wird erst im Kontrast zu Definita so richtig interessant: Während der Satz (5) falsch ist, wenn er 2019 geäußert wird, hat der Satz (6) eine Lesart, der zufolge er im selben Jahr geäußert zweifellos wahr ist:

(5) Der amerikanische Präsident ist eine Frau.
(6) Es ist durchaus möglich, dass der amerikanische Präsident nach der nächsten Wahl eine Frau ist.

Damit ist klar, dass das Definitum *der amerikanische Präsident* in (6) nicht denselben Referenten haben kann wie in (5), wo er den 2019 amtierenden Präsidenten bezeichnet (in (6) liegt eine ‚funktionale' Verwendung des Definitums vor – vgl. oben § 5.1 sowie Rothschild 2007). Das Definitum *der amerikanische Präsident* ist im Unterschied zum Eigennamen *Obama* nicht rigide.

Dies alles sind Eigenschaften von ‚eigentlichen' Eigennamen, die in der Diskussion um deren Semantik eine große Rolle spielen. Hierbei handelt es sich um eine Verwendung der Eigennamen, bei der der Referent des Eigenamens ein Träger des Namens ist. Dies scheint auch bei durch Attribute oder Appositionen modifizierten Nomen Propria der Fall zu sein – bei ‚modifizierten' Eigennamen wie *die Maria aus München*. Dabei scheinen sich die Nomen Propria wie ‚normale' Individuativa zu verhalten. Die Frage, die sich stellt, ist, ob Nomen Propria in eigentlichen und modifizierten Eigennamen semantisch gleichwertig sind oder nicht.

Es gibt nun auch noch eine Reihe von Fällen, bei denen es nicht oder nicht so ohne weiteres der Fall zu sein scheint, dass der Referent des Eigennamens ein Träger des Namens ist:

(7) a. Der junge Goethe war bereits sehr berühmt.
b. Wir alle kennen die optimistische Lola, nur wenige kennen die melancholische Lola.
c. In meinem Büro hängt ein Rauschenberg.
d. Budapest ist das Wien des Ostens.
e. Einer Merkel wäre das nicht passiert.

In (7a) scheint auf Goethe in einer frühen Lebensphase, in (b) auf Lola in bestimmten Situationen Bezug genommen zu werden – wie immer dies genau zu verstehen ist. In (7c) und (7d) wird ein

Eigenname figurativ gebraucht: metonymisch in (7c) und metaphorisch in (7d). In (7e) scheint auf einen Typ von Person Bezug genommen zu werden, der über die Eigenschaften von Kanzlerin Merkel definiert ist. Zu diesen Verwendungsweisen siehe u.a. von Heusinger (2010) und Matushansky (2015).

In der Sprachphilosophie gab es in der zweiten Hälfte des 20. Jahrhunderts eine heftige Debatte um die richtige semantische Analyse von Eigennamen, die auch in die Linguistik übergeschwappt ist. Es wurden zwei konträre Grundpositionen in unterschiedlichen Varianten vertreten, die heute immer noch aktuell sind. Die Grundlage für diese beiden Grundpositionen wurde bereits im 19. Jahrhundert gelegt. Der englische Logiker und Philosoph John Stuart Mill vertrat in seiner Logik die Position, dass Eigennamen nur einen Referenten haben, aber keine Bedeutung, während der deutsche Mathematiker, Logiker und Philosoph Gottlob Frege insbesondere an Eigennamen seine Theorie der zwei Ebenen der Semantik entwickelte, der zufolge Ausdrücke allgemein neben ihrem Referenten einen ‚Sinn' (eine Gegebenheitsweise des Referenten) aufweisen.

6.2 Von Mill zur Kausaltheorie der Eigennamen

Mills (1843) Sicht auf Eigennamen als „Zeichen ohne Bedeutung" (*unmeaning marks*) ist auf den ersten Blick zumindest sehr einleuchtend, so dass es kein Wunder ist, dass sie in der Linguistik wie in der Sprachphilosophie positiv aufgenommen wurde. Eigennamen haben nach Mill einen Referenten, sind aber mit keiner Eigenschaft bzw. keiner Beschreibung des Namensträgers so eng verbunden, dass diese die Bedeutung des Eigennamens genannt werden könnte. So kann man, schreibt Mill (1843: 40), eine Stadt *Dartmouth* nennen, weil sie an der Mündung (*mouth*) des Flusses Dart liegt; doch gibt es keinen Grund, den Namen zu ändern, wenn sich die Mündung der Dart von Dartmouth wegverlagert. (Man beachte aber, dass Mill bei der prädikativen Verwendung von Eigennamen – *This is Brown. That is York* – zugesteht, dass eine Eigenschaft mit den Eigennamen verbunden ist, nämlich die Eigenschaft, den jeweiligen Namen zu tragen.)

Wie kommt es, dass ein Eigenname einen bestimmten Gegenstand bezeichnet? Nach Mill (1843: 43) verbinden wir einen Eigennamen mit der „Idee von dem Objekt" in unserem Kopf, so dass immer, wenn wir mit dem Eigennamen konfrontiert sind, wir an dieses Objekt denken.

In heutige Sprechweise können wir das so übersetzen, dass Eigennamen in unserem Geist mit Dossiers (*mental files*) verbunden sind, in denen die Informationen gesammelt sind, die wir über einen Gegenstand besitzen, bzw. die Eigenschaften, von denen wir glauben, dass der Gegenstand sie besitzt (die Idee des Dossiers wurde *en passant* von Grice eingeführt, als *mental files* vor allem von Recanati 2012, 2016 weiter entwickelt; in der Linguistik ist sie seit Heim 1982 als *file* bekannt). Die Begegnung mit dem Eigennamen führt dazu, dass wir an den Gegenstand denken, eine ‚Vorstellung' von dem Gegenstand bilden, mit dessen Dossier der Eigennamen verbunden ist. Dadurch ist der Eigenname indirekt mit den Eigenschaften bzw. Beschreibungen verbunden, die im Dossier enthalten sind. Doch die können sich ändern, ohne dass sich dadurch der Eigenname ändert.

Bei dieser Sicht auf Eigennamen wird der Referent durch das Dossier, mit dem der Eigenname verbunden ist, festgelegt. Damit ist die grundlegende Referenzfrage die, wie ein Dossier zu einem Dossier eines bestimmten Gegenstandes wird. Offen ist auch, was man genau darunter verstehen soll, dass Eigennamen mit den mentalen Dossiers ‚verbunden' sind. Nimmt man das konkrete Vorkommen eines Eigennamens in einer Kommunikationssituation, so ist keineswegs offenkundig, wie die Verbindung zu einem Dossier zu denken ist; und es kommt das Problem hinzu, dass die Adressaten in einer Kommunikationssituation nicht wissen können, mit welchem Dossier die Sprecherin den Eigennamen verbunden hat, da Dossiers mentale Entitäten sind. Während die erste Frage nicht in die Zuständigkeit der Linguistik fällt, wird sie bei der zweiten einen Beitrag leisten können.

Mills Konzeption ›Eigennamen haben Referenz, aber keine Bedeutung‹ hat, wie gesagt, viele Anhänger. Besonders einflussreich ist der Rückgriff auf Mill durch Saul Kripke in *Naming and Necessity* ([1970] 1980) gewesen, der auf dieser Grundlage eine **kausale Theorie der Eigennamen** skizziert. Diese hat zwei wesentliche Elemente:

- In einem originären Namengebungsakt (‚Taufe') wird durch Ostension („Du sollst ab jetzt *NN* heißen") oder durch eine Beschreibung („Die Ansiedlung, die auf dem Bauland entsteht, soll *NN* heißen") einem Gegenstand ein Name gegeben. Der Name erhält durch diesen Akt seine Referenz. Die bei dem Namengebungsakt Anwesenden verwenden den Eigennamen auf der Basis des in dieser Situation gewonnenen Wissens.
- Die nicht bei dem Namengebungsakt Anwesenden richten sich, was die Referenz des Namens angeht, nach der Person, von der

sie den Namen gehört haben: Sie intendieren, den Namen mit derselben Referenz wie diese Person zu verwenden.

Damit hängt die Referenz eines Eigennamens nicht von den Eigenschaften ab, die die Sprecherin mit ihm verbindet, sondern von der Kette von Verwendungen, die bis zur anfänglichen ,Taufe' eines Gegenstandes zurückzuverfolgen ist.

Dieses Bild ist allerdings noch viel zu einfach. Dies hat insbesondere Evans (1973 [1985: 11]) mit seinem **Madagaskar-Beispiel** klargemacht. Bei *Madagaskar* handelte es sich ursprünglich um den Namen einer Region auf dem afrikanischen Festland, nicht wie heute um den Namen einer Insel vor Afrika. Marco Polo ist möglicherweise der erste gewesen, der mit *Madagaskar* auf die Insel Bezug nahm. Dabei war er der irrigen Meinung, dass die Leute, von denen er den Namen übernommen hatte, auch schon die Insel damit meinten. Nach Kripkes kausaler Theorie müsste der Eigenname auch heute noch auf die Region auf dem Festland referieren. Fälle von irrtümlicher Referenzänderung kann die kausale Theorie in ihrer ursprünglichen Form nicht erfassen.

Es wurde vorgeschlagen (Devitt/Sterelny 1987: 68 f.), in die kausale Konzeption eine Erfolgsbedingung einzubauen, der zufolge alle Sprecher in der Kette mit ihren Intentionen erfolgreich sind (also insbesondere erfolgreich intendieren, auf den Gegenstand zu referieren, auf den die Sprecherin, von der man den Namen gehört hat, sich bezogen hat, womit der Madagaskar-Fall entschärft wäre).

Doch auch hier kann man ein Gegenbeispiel anbringen, den **Richard-Burton-Fall** (siehe Dickie 2015: 159). Stellen Sie sich vor, Sie nehmen an einer Unterhaltung teil, bei der eine Reihe von Leuten immer wieder den Namen *Richard Burton* verwenden, den Sie bislang noch nicht mit jemandem verbunden haben. Was Sie nicht wissen, ist, dass die Leute einmal von Richard Burton, dem Forscher aus Viktorianischer Zeit reden, einmal von dem gleichnamigen berühmten Schauspieler, ohne dass es für sie unklar wäre, wann von dem einen, wann von dem anderen die Rede ist. Doch Sie selbst aber haben keine Indizien, dass sich unter dem Namen zwei verschiedene Personen verstecken, und bauen ein Dossier von einer Person namens *Richard Burton* auf. Nun will es aber der Zufall, dass von den Informationen über die beiden Burtons, die Sie aus dem ursprünglichen Gespräch aufgenommen haben, lediglich Informationen übrigbleiben, die Burton den Forscher betreffen. Intuitiv würden wir über die Situation sagen, dass Sie mit *Richard Burton* eindeutig auf den Forscher referieren. Doch weder die kausale Konzeption in der ursprünglichen Version noch in der Version mit der Erfolgsbedingung sind damit kompatibel: Zum einen lässt sich sowohl eine Kette zum Forscher wie zum Schauspieler bilden, zum anderen ist die Erfolgsbedingung nicht erfüllt (Sie verwenden den Namen nicht so, wie die Leute aus dem Gespräch es taten).

Es ist offen, ob man die kausale Theorie der Eigennamen wasserdicht bekommt, auch in der Version, die wir jetzt noch kurz betrachten werden. Evans (1973 [1985: 17]) hat aus den Problemen der ursprünglichen Kripke-Version den Schluss gezogen, dass Referenz doch etwas mit den Informationen bzw. Überzeugungen zu tun hat, die wir über den Träger des Namens besitzen. Und zwar ist der Referent derjenige Gegenstand, von dem sich die Informationen hauptsächlich kausal herleiten (siehe auch Perry 2001: 51 ff., Campbell 2002: 99 f. und Recanati 2012: 140). Dies ist also immer noch eine kausale Theorie der Eigennamen, die man als eine direkte Fortführung von Mills Auffassung der Eigennamen sehen kann, der ja, wie oben erwähnt, Namen direkt mit einem Dossier von dem Gegenstand verbindet. Doch auch gegen diese Version der kausalen Theorie der Eigennamen sind Gegenbeispiele ins Feld geführt worden (siehe Dickie 2015: § 5.2).

Die Mill'sche Konzeption ›Eigennamen haben Referenz, aber keine Bedeutung‹ hat ganz allgemein, wenn man sich die Verwendungen von Eigennamen in § 6.1. anschaut, Probleme mit Sätzen, die sich nur durch die Substitution zweier referenzgleicher Eigennamen unterscheiden, da sich diese Sätze auf der propositionalen Ebene nicht unterscheiden können. Die beiden Identitätssätze *Novalis ist Friedrich von Hardenberg* und *Novalis ist Novalis* können sich semantisch nach der Mill'schen Position nicht unterscheiden, ebenso wenig, was ein gravierenderes Problem ist, die beiden Einstellungsberichte *Sie weiß, dass Novalis ‚Heinrich von Ofterdingen' geschrieben hat* und *Sie weiß, dass Friedrich von Hardenberg ‚Heinrich von Ofterdingen' geschrieben hat*, von denen der eine wahr und andere falsch sein kann. Auch für den Unterschied zwischen *Clark Kent ging in die Telefonzelle und Superman kam heraus* und *Superman ging in die Telefonzelle und Clark Kent kam heraus* liegt keine offensichtliche Lösung auf der Hand, ebenso wenig wie für die negativen Existenzsätze. Zur Verteidigung der Mill'schen Position siehe u.a. die Beiträge in Everett/Hofweber (Hgg.) (2000).

Die kausale Theorie der Eigennamen ist oft mit der Konzeption der direkten Referenz (siehe oben § 5.2) verbunden. Die Rigidität von Eigennamen, ihr Verhalten in modalen Kontexten (siehe § 6.1), ist der Grund dafür – Kripke bezeichnet Eigennamen als ‚rigide Designatoren' (siehe auch Kaplan 1989: 569–571).

6.3 Frege und die Beschreibungstheorie der Eigennamen

Die Probleme einer Mill'schen Position mit Identitäts- und Einstellungssätzen insbesondere haben Frege (1892) zu der Überzeugung geführt, dass Eigennamen neben ihrer Referenz eine Form von Bedeutung haben, die er ‚Sinn' nannte und als definite Beschreibungen verstand. Als möglichen Sinn von *Aristoteles* nannte er ›der Schüler Platos und Lehrer Alexanders des Großen‹ und ›der aus Stagira gebürtige Lehrer Alexanders des Großen‹ (siehe Frege 1982: 42 Anmerkung 2).

Eigennamen sind für Frege (wie auch für Russell 1912), im Gegensatz zu Mill, so eng mit einer Beschreibung des Referenten verbunden, dass sie es ist, die die Referenz des Eigennamens festlegt. Deshalb spricht man bei Frege von einer **Beschreibungstheorie der Eigennamen**. Die Verbindung des Eigennamens mit einer Beschreibung eröffnet Frege die Möglichkeit, bei Identitätssätzen anzunehmen, dass zwei unterschiedliche, aber referenzgleiche Eigennamen mit unterschiedlichen Beschreibungen verbunden sein können. Damit gibt es semantisch einen Unterschied zwischen *Novalis ist Novalis* und *Novalis ist Friedrich von Hardenberg*. Vor diesem Hintergrund konnte Frege auch eine Analyse von Einstellungsberichten entwickeln, die es ermöglichte, für *Sie weiß, dass Novalis ‚Heinrich von Ofterdingen' geschrieben hat* und *Sie weiß, dass Friedrich von Hardenberg ‚Heinrich von Ofterdingen' geschrieben hat* unterschiedliche Wahrheitswerte abzuleiten.

Nun ist es nicht sehr intuitiv, mit einem Eigennamen eine bestimmte Beschreibung zu verbinden. Der Unterschied zwischen *Novalis ist Novalis* und *Novalis ist Friedrich von Hardenberg* ist intuitiv klar, aber klar ist nicht, welche Beschreibungen hinter den Namen stehen sollen. Dass eine Beschreibung zudem die ‚Bedeutung' des Eigennamens sein soll, ist nicht sehr einleuchtend. Unbestritten ist, dass mit einem Eigennamen ein Cluster an Eigenschaften des Namensträgers verbunden ist (vgl. die Rede von (mentalen) Dossiers in § 6.2). Nun kann man die Beschreibungstheorie so modifizieren, dass es die in diesem Cluster aufgeführten Eigenschaften sind, die die Referenz des Eigennamens fixieren, ohne dass das Cluster die ‚Bedeutung' des Eigennamens darstellen würde. Dies war die Position von Wittgenstein (1953: § 79), Searle (1958) und Strawson (1959: 224 f.). In dieser Form erscheint die Beschreibungstheorie der Eigennamen deutlich plausibler als in der klassischen Version von Frege oder Russell. Zu den verschiedenen Formen der Beschreibungstheorie siehe u.a. Dickie (2015: § 5.1) und Cumming (2019).

Der schon im Zusammenhang mit der kausalen Theorie der Eigennamen erwähnte Saul Kripke hat in *Naming and Necessity* gegen die verschiedenen Varianten der Beschreibungstheorie eine Palette von Gegenbeispielen vorgebracht und damit die Debatte um die Eigennamen in den letzten 50 Jahren entscheidend geprägt.

Fehlinformationsproblem: Mit dem Namen Peano verbinden die Leute, die den Namen schon einmal gehört haben, dass er die nach ihm benannten Axiome aufgestellt hat, die die Reihe der natürlichen Zahlen charakterisieren. Nun sind die Axiome nicht von Peano, sondern von Dedekind aufgestellt worden, worauf Peano in einer Fußnote auch hinweist, die aber ignoriert worden ist. Nichtsdestotrotz erkundigen wir uns, die wir mit Peano nur die Peano-Axiome verbinden, nach Peanos Lebensumständen und nicht nach denen von Dedekind, wenn wir fragen: „Wo und wann lebte Peano?" Da dem so ist, können die mit Eigennamen verknüpften Beschreibungen nicht den Referenten festlegen, denn wir verknüpfen mit Peano die Beschreibung ›derjenige, der die Peano-Axiome aufgestellt hat‹, die nicht auf ihn zutrifft, reden aber trotzdem über Peano. Referenz scheint also trotz erheblicher Fehlinformation möglich zu sein.

Zirkularitätsproblem: Von Milan Kundera wissen viele nur, dass er der Verfasser von *Die unerträgliche Leichtigkeit des Seins* ist. Die Beschreibung ›der Verfasser von ‚Die unerträgliche Leichtigkeit des Seins' zu sein‹ trifft auf Kundera und nur auf ihn zu. Wenn wir uns die Beschreibung genauer anschauen, so taucht in dieser ein Eigenname auf: *‚Die unerträgliche Leichtigkeit des Seins'* ist der Titel eines Romans. Wenn wir also die Referenz des Eigennamens *Kundera* über eine Beschreibung, die einen weiteren Eigennamen enthält, bestimmen wollen, muss feststehen, was die Referenz dieses Eigennamens ist. Viele Leute kennen nur den Titel von Kunderas Roman, ohne ihn gelesen zu haben oder sonst etwas von ihm zu wissen. Solche Leute können die Referenz des Eigennamens *‚Die unerträgliche Leichtigkeit des Seins'* nicht anders bestimmen als über die Beschreibung ›Kunderas berühmtester Roman‹. Damit wird die Sache aber zirkulär: Um die Referenz des Eigennamens des Autors zu bestimmen, verwendet man den Eigennamen seines berühmtesten Werks, dessen Referenz man wiederum nicht anders bestimmen kann als unter Verwendung des Eigennamens des Romanautors. In einem solchen Fall kann man nicht sagen, dass die Beschreibung, die man von Kundera besitzt, eindeutig die Referenz bestimmen würde. Aber trotzdem können wir uns auf Kundera beziehen.

Uneindeutigkeitsproblem: Von vielen historischen Persönlichkeiten wissen wir so wenig, dass dieses Wissen nicht hinreicht, diese

Persönlichkeiten von anderen zu unterscheiden, sie eindeutig zu identifizieren. So wissen viele nur, dass Gustav Stresemann ein Politiker der Weimarer Zeit gewesen ist. Trotzdem wollen solche Leute etwas über Stresemann, also über eine bestimmte Person wissen, wenn sie fragen: „Wer war Stresemann eigentlich?"

Wir können falsche, zirkuläre oder uneindeutige Beschreibungen mit einem Eigennamen verbinden, ohne dass dies Auswirkungen auf die Referenz des Eigennamens hätte. Also kann die Referenz der Eigennamen, die wir verwenden, nicht durch die Beschreibungen festgelegt werden, die wir mit diesen Eigennamen verknüpfen. Es kommt weiter hinzu, dass die Beschreibungstheorie zumindest nicht direkt eine Erklärung für die Rigidität von Eigennamen hat und auch das Phänomen der *Superman/Clark-Kent*-Sätze nicht erklären kann.

Mit der Kritik von Kripke ist die Beschreibungstheorie erst einmal stark in die Defensive geraten, zumal Kripke mit der kausalen Theorie der Eigennamen eine alternative Konzeption skizziert hat. Doch sind Versionen der Beschreibungstheorie verteidigt worden, gegen die Kripkes Einwände nicht zu greifen scheinen (siehe etwa Searle 1982 sowie Jackson 1998). Darunter ist auch die kausale Beschreibungstheorie, der zufolge der Eigenname mit der Beschreibung verbunden ist ›der Gegenstand, der in einer Kette von Verwendungen des Namens bis auf den originären Namengebungsakt für den Gegenstand zurückverfolgt werden kann‹.

Zu beachten ist, dass die Gegenbeispiele von Kripke mit semantischen Intuitionen arbeiten: Intuitiv scheint es uns richtig zu sagen, dass wir im Fehlinformationsszenarium mit dem Eigennamen in „Wo und wann lebte Peano?" auf Peano Bezug nehmen und nicht auf Dedekind. Doch hier scheint es kulturelle Unterschiede zu geben: Leute aus Amerika teilen diese Intuition überwiegend, während Leute aus China sie überwiegend nicht teilen (siehe Machery et al. 2004, Machery et al. 2015).

Man kann den Einwänden von Kripke auch entgehen, wenn man mit metasprachlichen Aspekten arbeitet. So könnte man das Fehl-informationsproblem vermeiden, wenn man mit dem Namen *Peano* die Beschreibung verbinden würde ›der Träger des Namens *Peano*, so wie er von den meisten Mitglieder meiner Sprachgemeinschaft gebraucht wird‹, oder das Uneindeutigkeitsproblem, indem man *Stresemann* mit der Beschreibung verbindet ›der Weimarer Politiker mit Namen *Stresemann*‹ (vgl. Dickie 2015: 155). Dass Eigennamen irgendwie eng mit der Eigenschaft So-und-so-Heißen zusammenhängen, ist offenkundig. Wir haben dies schon bei Mill gesehen und dies findet sich in vielen Überlegungen zur Semantik von Eigennamen.

Auf diesen metasprachlichen oder quotativen Aspekt bezieht sich ganz zentral die folgende Variante der Beschreibungstheorie.

6.4 Prädikatstheorie der Eigennamen

Die Prädikatstheorie der Eigennamen (auch prädikative oder metasprachliche Theorie der Eigennamen genannt) geht vor allem auf den Philosophen Tyler Burge (1973) zurück (wie auch auf den Linguisten Clarence Sloat 1969, auf den sich Burge stützt) und ist gegenwärtig die Eigennamenstheorie, die am stärksten diskutiert wird.

Die **erste** Annahme der **Prädikatstheorie der Eigennamen** ist, dass das Nomen Proprium in Eigennamen semantisch ein Prädikat ist und zwar ein Prädikat, das die Eigenschaft *N*-Heißen bezeichnet. Dies passt gut zu der Distribution von Nomen Propria (siehe die Beispiele in § 6.1), die ja mit Attributen und unterschiedlichen Determinativen kombiniert werden können wie andere Nomen, die ja generell Prädikate sind. Dass ein Proprium semantisch ein Prädikat ist, passt auch gut zu dem Faktum, dass ein Name der Name von vielen sein kann: *N*-Heißen kann auf viele zutreffen (Nomen Propria sind damit eine besondere Klasse von Individuativa).

Die **zweite** Annahme der Prädikatstheorie der Eigennamen besteht in der grundsätzlichen Kontextabhängigkeit der Eigennamen, was sich fast zwangsläufig aus der ersten Annahme ergibt. Wenn ein Name der Name von vielen sein kann, wie kommt es zur Referenz auf eine bestimmte Person? Sätze mit Eigennamen (etwa *Marie geht gerade in die Bibliothek*) sind genauso kontextabhängig wie Sätze der Art *Dieses Buch ist interessant* oder *Das Buch musst du mal lesen*, deren propositionalen Gehalt man erst versteht, wenn man weiß, welches Buch gemeint ist. Und diese Information gibt der Äußerungskontext.

In der Frage, wie die Kontextabhängigkeit der Eigennamen genau zu analysieren ist, unterscheiden sich die verschiedenen Varianten der Prädikatstheorie erheblich. Manche deuten Eigennamen nach dem Muster von Demonstrativa, andere nach dem Muster von (direkt-referenziellen) Definita. Auf jeden Fall muss gewährleistet sein, dass der Eigenname auf den im Äußerungskontext salientesten Gegenstand mit dem entsprechenden Namen referiert.

Diese Konzeption von Eigennamen hat nicht die Probleme der klassischen Beschreibungstheorie und ist durch den Bezug auf den Äußerungskontext mit Rigidität vereinbar (siehe Karnowski/Pafel 2005). Ob diese Sicht mit der Informativität von Identitätssätzen und dem Kontrast bei Einstellungsberichten kompatibel ist, hängt von der umfassenderen semantischen Theorie ab, in die diese Konzeption eingebettet ist. Eine unmittelbare Lösung für die *Superman/Clark-Kent*-Sätze sowie für die negativen Existenzsätze liegt nicht auf der Hand.

Eine wichtige Aufgabe der Prädikatstheorie ist es, die Bedeutung des Prädikats ‚*x* heißt *N*' genauer zu erläutern. Drei Bedingungen scheinen prototypisch gegeben zu sein, wenn *x N* heißt:

i. Der Gegenstand *x* hat durch eine Handlung (= Namengebungsakt, Taufe) den Ausdruck *N* zugeordnet bekommen.
ii. Es ist eine verbreitete Praxis, dass sich Sprecher mit dem Ausdruck *N* auf *x* beziehen (zur Praxis der Namensverwendung siehe Evans 1982: § 11).
iii. (ii) ist eine Folge von (i).

(In der Phrase ‚*N* heißen' hat das Nomen Proprium *N* den Status einer reinen Anführung – vgl. § 2.3 –, ist also kein Eigenname.)

Hier tauchen nicht zufällig Elemente der kausalen Theorie der Eigennamen auf: der Namengebungsakt in (i) und das kausale Element in (iii). Diese Elemente müssen in jeder Eigennamenstheorie irgendwo ihren Platz finden – ohne dass sie damit zu einer kausalen Theorie der Eigennamen werden würde.

Der Haupteinwand gegen die Prädikatstheorie war lange Zeit Zirkularität: Referenz werde durch das Tragen eines Namens expliziert, und das Tragen eines Namens wiederum durch Referenz (Kripke ([1970] 1980: 68). Die Bedingung (ii) oben scheint in dieser Hinsicht problematisch zu sein. Doch kommt es nicht zu einer Zirkularität, da in (ii) von Sprecher-Referenz, nicht aber von semantischer Referenz die Rede ist (siehe auch Gray 2014).

Die Kommunikationssituation der Sprecher-Referenz mit Bekanntschaft (eine Sprecherin, einen bestimmten Gegenstand vor Augen, möchte, dass die Adressaten auch diesen Gegenstand vor Augen haben – siehe oben § 1.1) ist im Fall der Eigennamen mit der Prädikatstheorie bis jetzt noch nicht vollständig erfasst. Was insbesondere fehlt, ist die Beziehung zwischen der quotativen Bedeutung des Eigennamens und der ‚Vorstellung', die sich bei den Adressaten bilden soll. Die Adressaten haben einen Satz mit einem Eigennamen erst dann verstanden, was den Eigennamen angeht, wenn sie auf der Basis der Beschreibung ›der salienteste Gegenstand, der *N* heißt‹ einen Gegenstand identifizieren können (vgl. Evans 1982: § 11.5). Typischerweise bedeutet dies, nach einem Dossier von einem Gegenstand mit dem passenden Namen zu suchen und eine Vorstellung von dem Gegenstand, dem Referenten des Eigennamens, zu bilden – im Fall der gelungenen Kommunikation eine Vorstellung von genau dem Gegenstand, den die Sprecherin bei der Wahl des Eigennamens vor Augen hatte.

Dies erinnert an die Lagebeschreibung, mit der wir die Mill'sche Konzeption in § 6.2 verlassen haben. Die Vorstellung bzw. das Dossier finden sich schon bei Mill, doch das, was Mill schuldig blieb, – die Beziehung zwischen dem Vorkommen eines Eigennamens und dem Dossier zu klären – löst die Prädikatstheorie durch die Beschreibung ›der salienteste Gegenstand, der *N* heißt‹ ein.

6.5 Sind Eigennamen anders?

Eigennamen lassen sich als eine besondere Klasse von Nominalphrasen auszeichnen, und zwar als Nominalphrasen mit einem Nomen Proprium (oder einer Proprialphrase) als nominalem Kern. Nomen Propria lassen sich semantisch und morphosyntaktisch (dazu Nübling 2017, Stolz et al. 2017) als eine spezielle Klasse von Nomen auszeichnen. Insofern sind Eigennamen etwas Besonderes. Die Frage ist, ob dies dazu führt, dass sie sich syntaktisch oder semantisch markant von anderen Nominalphrasen unterscheiden.

Zwei konträre Auffassungen findet man in der linguistischen Forschungsliteratur, die eine geht von einer Symmetrie, die andere von einer Asymmetrie zu anderen Typen von Nominalphrasen aus.

Die **asymmetrische Auffassung** ist vor allem von Longobardi (1994, 2005) vertreten worden, der die kausale Theorie der Eigennamen als Folie nimmt und für Eigennamen spezielle syntaktisch/semantische Verhältnisse postuliert: Zum einen nimmt er an, dass Nomen Propria, wenn kein Artikel vorhanden, sich in die Determinativ-Position bewegen von ihrer ursprünglichen Nomen-Position aus (= N-zu-D-Bewegung); und wenn ein Artikel vorhanden ist, ist dieser expletiv und es kommt zu Koindizierung von Artikel und Nomen Proprium. Zum anderen nimmt er an, dass die Nomen Propria re-ferenziell sind, dass nicht erst der ganze Eigenname einen Gegenstand bezeichnet. Die Besonderheiten von Eigennamen, insbesondere die Rigidität, wird versucht durch die Beziehung des Nomen Propriums zu der Determinativ-Position zu erklären. (Siehe auch Gallmann 1997, Chierchia 1998: § 7 und Borer 2005.)

Die **symmetrische Auffassung** sieht keinen Grund, für Eigennamen in der syntaktisch/semantischen Struktur eine Besonderheit zu postulieren (siehe Karnowski/Pafel 2005). Vor der Folie der Prädikatstheorie der Eigennamen lassen sich Eigennamen analysieren als definite Beschreibungen in Form einer DP oder NP mit einem Nomen Proprium (oder einer Proprialphrase) als nominalem Kern. Das Nomen Proprium ist wie andere Nomen ein Prädikat, nur die Bedeutung des Prädikats ist besonders (›*x* heißt *N*‹). Sowohl in der Syntax wie in der kompositionalen Semantik unterscheiden sich Eigennamen dann nicht von anderen Nominalphrasen. Bei Eigennamen ohne sichtbaren Artikel wird ein spezielles, stummes Determinativ angenommen, das wie der sichtbare Artikel die Bedeutung ›Einzigkeit mit Salienz‹ hat (einen expletiven Artikel extra für Eigennamen braucht man dann nicht zu stipulieren). Dieser stumme Artikel selegiert nur bestimmte Typen von Propria (im Standarddeutschen insbesondere Personennamen). Einen auf bestimmte Typen von Namen spezialisierten Artikel anzusetzen, ist sprachübergreifend nichts Besonderes (siehe die Verweise in Muñoz 2019). Das für die asymmetrische Auffassung so entscheidende Phänomen der N-zu-D-Bewegung in der Syntax wird als ein zu marginales Phänomen betrachtet, als dass es die Grundlage für eine Asymmetrie darstellen könnte (womit es keinerlei empirische Evidenz mehr dafür gibt, überhaupt von einer Asymmetrie auszugehen).

Aufgabe 7: Rekapitulieren Sie anhand des Eigennamens in *Einstein hat die Relativitätstheorie entwickelt* die Grundannahmen der kausalen Theorie, der Beschreibungstheorie (von Frege) sowie der Prädikatstheorie der Eigennamen.

Grundbegriffe: Nomen Proprium, Eigennamen, direkte Referenz, Rigidität, kausale Theorie, Beschreibungstheorie, Prädikatstheorie.

Weiterführende Literatur: Allgemein zur Semantik von Eigennamen: Cumming (2019). Klassiker: Kripke ([1970] 1980: Vorlesung II), Evans (1982: Kap. 11). Zu Eigennamen im Deutschen: Gallmann (1997), Karnowski/Pafel (2005).

7. Indefinita

Unter **Indefinita** werden Nominalphrasen verstanden, die mit dem indefiniten Artikel eingeleitet werden wie *eine Katze*, *ein großes Schiff*, *ein Kleid aus reiner Seide* oder ohne ein sichtbares Determinativ auftreten wie *Katzen*, *große Schiffe*, *Gold*, *reines Wasser* (also Nominalphrasen im Singular mit einem Kontinuativum ‚*mass noun*‘ als nominalem Kern sowie Nominalphasen im Plural mit einem

Individuativum ‚*count noun*' als nominalem Kern, die kein sichtbares Determinativ aufweisen).

Von Indefinita, wie hier definiert, gilt es ‚indefinite Nominalphrasen' zu unterscheiden, d.h. Nominalphrasen, die syntaktisch als [–definit] ausgezeichnet sind. Denn zu den indefiniten Nominalphrasen gehören neben den Indefinita auch die Indefinitpronomen (siehe § 8.5) sowie quantifikationelle Nominalphrasen mit Determinativen wie *viele*, *einige*, *wie viele*.

So klar diese Bestimmung sein mag, so schwierig kann es sein, Indefinita zu identifizieren. In welchen der folgenden Sätze liegt ein Indefinitum vor?

(1) a. Ich brauche <u>eine</u> Auszeit.
b. Das sind nicht zwei Argumente, sondern <u>ein</u> Argument.
c. <u>Eine</u> von uns wird es schaffen.

Der Ausdruck *ein* kann nicht nur der indefinite Artikel, sondern auch ein Zahlwort oder ein Quantitativ (ein quantifikationelles Determinativ) sein. Diese drei Verwendungen lassen sich mit Hilfe von drei Eigenschaften auseinanderhalten: Betonbarkeit, Klitisierbarkeit, Determinativität. (Im Folgenden wird in den Beispielsätzen die Betonung einer Silbe durch Fettdruck markiert.)

- Der **indefinite Artikel** *ein* ist ein Determinativ, das eine Vollform und eine Kurzform (Klitisierungsform) aufweist und nicht betonbar ist: Anstelle von *Ich brauche eine* ***Aus****zeit* kann man auch gleichbedeutend sagen *Ich brauche 'ne* ***Aus****zeit*, wobei die Hauptbetonung innerhalb des Indefinitums auf dem Nomen liegt; liegt die Hauptbetonung auf *eine*, ergibt sich ein Satz mit deutlich anderer Bedeutung (*Ich brauche* ***ei****ne Auszeit*).
- Das **Zahlwort** *ein* ist ein Adjektiv, das nicht klitisierbar, aber betonbar ist: *Das sind nicht zwei Argumente, sondern* ***ein*** *Argument. Dieses eine Argument* vs. **dieses 'ne Argument*.
- Das **Quantitativ** *ein* ist ein Determinativ, das nicht klitisierbar, aber betonbar ist: ***ei****ne von uns* vs. **'ne von uns*. Eine Nominalphrase mit dem Quantitativ ist ein Quantor (vgl. oben § 1.3).

Vor diesem Hintergrund ist klar, dass nur in (1a) ein Indefinitum vorliegt, nur dort haben wir es mit dem indefiniten Artikel zu tun.

7.1 Spezifizität

Unter Spezifizität wird in der Literatur zu den Indefinita recht Unterschiedliches verstanden. Sehr verbreitet ist die Vorstellung, dass mit

Spezifizität der Sachverhalt gemeint ist, dass die Sprecher mit einem Indefinitum einen bestimmten Gegenstand vor Augen haben, dass sie sich mit dem Ausdruck auf diesen beziehen. Spezifizität wäre damit nichts anderes als Sprecher-Referenz bei Indefinita. Doch dieses Verständnis von Spezifizität ist noch viel zu allgemein, um bei der Analyse der verschiedenen Verwendungsweisen von Indefinita hilfreich zu sein. Es sind vielmehr zwei speziellere Arten von Spezifizität für Indefinita von Belang.

Die grundlegende Art ist die **skopale Spezifizität**, eine recht abstrakte Eigenschaft. Sie betrifft das Verhältnis eines Indefinitums zur Negation, zu Quantoren und zur Satzeinbettung, sie betrifft, wie der Name sagt, den Skopus des Indefinitums.

- **Unspezifisch** ist ein Indefinitum mit der Eigenschaft, kleinstmöglichen Skopus zu haben, d.h. von der Negation erfasst zu werden, im Skopus aller Quantoren zu stehen und semantisch auf den (minimalen) Satz, in dem es steht, beschränkt zu sein.
- **Spezifisch** ist ein Indefinitum, wenn es nicht unspezifisch ist.

Beispiele für dieses unterschiedliche Verhalten werden wir in den nächsten Abschnitten zur Genüge kennenlernen. Wenn ich das Wort *spezifisch* ohne Zusatz von *epistemisch* verwende, so ist immer skopale Spezifizität gemeint.

Die zweite Art von Spezifizität, die für die Analyse von Indefinita relevant ist, ist die **epistemische Spezifizität**, die wir neben den Indefinita auch etwa bei den Indefinitpronomen antreffen.

- **Epistemisch spezifisch** ist ein Indefinitum, mit dem eine Sprecherin zu verstehen gibt, dass sie einen bestimmten Gegenstand vor Augen hat, den sie identifizieren kann.
- **Epistemisch unspezifisch** ist ein Ausdruck, wenn eine Sprecherin zu verstehen gibt, dass sie bei der Verwendung des Ausdrucks keinen bestimmten Gegenstand vor Augen hat, dass sie den Gegenstand nicht identifizieren kann, auf den der Sachverhalt zutrifft, der von dem Satz ausgedrückt wird, in dem der Ausdruck steht.

Unter epistemischer Spezifizität wird hier also nicht der allgemeine Sachverhalt verstanden, dass eine Sprecherin mit einem Indefinitum einen bestimmten Gegenstand vor Augen hat, sondern der besondere Sachverhalt, dass die Sprecherin **explizit zu verstehen gibt**, dass dies der Fall ist. Epistemische Spezifizität ist nicht gleich Sprecher-Referenz, da bei letzterer zu dem Vor-Augen-Haben noch ein weiterer Aspekt hinzukommt, wie wir in § 3.1 gesehen haben.

Der folgende Kontrast kann dies deutlich machen. Während die Sequenz (2a) völlig akzeptabel ist, ist dies die Sequenz (2b) nicht:

(2) a. Ein Kollege hat angerufen. Willst du wissen, wer?
    b. #Irgendein Kollege hat angerufen. Willst du wissen, wer?

Der Grund ist eine offensichtliche Inkonsistenz in (2b) auf Seiten der Sprecherin. Während sie sich durch die Frage als jemand präsentiert, der weiß, wer angerufen hat, gibt sie mit *irgendein Kollege* zu verstehen, dass sie nicht weiß, wer angerufen hat. Verantwortlich für diese Inkonsistenz ist der Ausdruck *irgend*, der das Indefinitum epistemisch unspezifisch macht. Er kann die Iplikatur ›Sprecher weiß nicht...‹ auslösen. (Zu *irgend* siehe Kratzer/Shimoyama 2002 und Aloni/Port 2015.)

Epistemische Unspezifizität wird in vielen Sprachen durch indefinite Ausdrücke konventionell ausgedrückt (siehe Haspelmath 1997). In der Literatur redet man heute von ‚epistemischen Indefinita', wenn epistemisch unspezifische Indefinita gemeint sind (siehe dazu die Beiträge in Alonso-Ovalle/Menéndez-Benito (Hgg.) 2015). Aber keineswegs jeder indefinite Ausdruck ist epistemisch spezifisch oder unspezifisch. So ist das Indefinitum *eine Katze* sowohl damit kompatibel, dass die Sprecherin die Katze kennt (3), wie damit, dass sie sie nicht kennt (4); weder das eine noch das andere wird vom Indefinitum nahegelegt.

(3) Eine Katze treibt hier seit einiger Zeit ihr Unwesen. Sie hat einen weißen Schwanz und gehört der Bürgermeisterin.

(4) Eine Katze treibt hier seit einiger Zeit ihr Unwesen. Niemand weiß, wem sie gehört.

Es gibt zumindest einen Ausdruck im Deutschen und zwar das Adjektiv *gewiss*, das epistemisch spezifisch ist (siehe Ebert et al. 2013):

(5) #Gewisse Leute wissen immer alles besser. Aber ich weiß nicht, welche Leute dies sind.

Diese Äußerung ist offenkundig aus analogen Gründen inkonsistent wie (2b): Durch *gewisse Leute* gibt die Sprecherin zu verstehen, dass sie weiß, wer immer alles besser weiß, durch den zweiten Satz sagt sie das Gegenteil. (Siehe aber Sätze wie *Wohnt hier ein gewisser Moritz Melchior?*)

Bestimmt ist ein anderes Adjektiv, das ein Kandidat für einen epistemisch spezifischen Ausdruck ist. Allerdings muss es nicht die Sprecherin sein, die den Gegenstand vor Augen hat. Es kann in Einstellungsberichten auch der Einstellungsträger sein wie in:

(6) Jeder glaubt, dass man unbedingt ein bestimmtes Buch lesen müsste. Dummerweise hält jeder ein anderes für überlebenswichtig.

Außerdem verhält sich *bestimmt* in mehrerer Hinsicht anders als *gewiss*, woraus man schließen kann, dass der Aspekt des Vor-Augen-Habens mit zur begrifflichen Bedeutung von *bestimmt* gehört, während epistemisch spezifische Ausdrücke wie *gewiss* eine konventionelle Implikatur auslösen (vgl. Ebert et al. 2013).

7.2 Unspezifischer Gebrauch

In den folgenden Sätzen haben wir es mit unspezifischen Indefinita zu tun:

(7) a. Hat sie ein Dessert gegessen? Nein, 'ne Dessert hat sie nicht gegessen, es ist keineswegs der Fall, dass sie 'ne Dessert gegessen hat.
b. Hat sie schon immer Desserts gegessen? Ja, Desserts hat sie schon immer gegessen, es war schon immer der Fall, dass sie Desserts gegessen hat.

Beim unspezifischen Gebrauch ist nicht von konkreten Gegenständen die Rede, auf die das Prädikat des Indefinitums zuträfe. Es ist offensichtlich, dass in (7) der Sprecher nicht auf konkrete Gegenstände (konkrete Desserts) referiert, es scheint hingegen allgemein von Gegenständen einer bestimmten Art (von Desserts) die Rede zu sein.

Man sieht an den Sätzen in (7a), dass ein unspezifisches Indefinitum von der Negation erfasst wird (auch wenn es dem Negationsausdruck vorangeht); und in (7b), dass es im Skopus von Quantoren steht – auch wenn es diesen vorangeht: So haben die Antworten in (7b) beide die Lesart mit weitem Skopus von *immer*: ›Es war immer der Fall, dass sie Desserts gegessen hat‹.

Wenn wir *nicht* mit dem logischen Negator und das Indefinitum mit einem Existenzquantor wiedergeben, dann haben die Antworten in (7a) die Lesart $\neg\exists$. Wenn wir zusätzlich *immer* mit einem Allquantor wiedergeben, haben die Antworten in (7b) die Lesart $\forall\exists$.

Bei manchen Typen von Prädikaten sind bei unspezifischen Indefinita zwei Lesarten möglich wie etwa in dem folgenden Satz:

(8) Sie suchen eine Katze.
***De-re*-Lesart**: Es gibt eine bestimmte Katze, die sie vor Augen haben, und die suchen sie. (Die Katze mag entlaufen sein.)
***De-dicto*-Lesart**: Sie haben keine bestimmte Katze vor Augen bei ihrer Suche nach einer Katze. (Sie wollen sich eine anschaffen.)

Bei der *de-re*-Lesart des Satzes müssen die Suchenden eine bestimmte Katze vor Augen haben, nicht die Sprecherin des Satzes – somit handelt es sich nicht um epistemische Spezifizität.

Auch bei der *de-re*-Lesart haben wir es mit einem unspezifischen Indefinitum zu tun, das im Bereich der Negation und im Skopus von Quantoren steht: Sowohl die beiden logisch äquivalenten Sätze *Eine Katze suchen sie nicht* und *Es ist nicht der Fall, dass sie eine Katze suchen* haben eine *de-re*-Lesart wie auch die beiden Sätze *Eine Katze suchen sie immer* und *Es ist immer der Fall, dass sie eine Katze suchen.*

7.3 Spezifischer Gebrauch

In den folgenden Sätzen haben wir es mit spezifischem Gebrauch des Indefinitums *eine Katze* zu tun (Beispiele aus Pafel 2005: § 4):

(9) a. Wir konnten beobachten, wie eine Katze immer auf den Rücken fiel, wenn sie auf die Erde herabsprang.
b. Wir konnten beobachten, wie eine Katze, als sie von einer Mauer sprang, nicht auf den Füßen, sondern auf dem Rücken landete.

(10) a. Wenn eine Katze immer auf den Rücken gefallen ist, wenn sie von einer Mauer gesprungen ist, wurde sie zum Arzt gebracht.
b. Wenn eine Katze nicht auf den Füßen gelandet ist, wenn sie von einer Mauer gesprungen ist, wurde sie zum Arzt gebracht.

Es liegt hier spezifischer Gebrauch vor, weil in diesen Sätzen das Indefinitum **nicht** von der Negation (*nicht*) erfasst wird und es auch **nicht** im Skopus des Quantors (*immer*) steht: Es ist von einer Katze die Rede, die immer auf den Rücken fiel, bzw. von einer Katze, die nicht auf den Füßen landete (und nicht davon, dass immer irgendeine Katze auf den Rücken fiel bzw. dass keine Katze auf den Füßen landete).

Wenn wir das Indefinitum mit einem Existenzquantor und *immer* mit einem Allquantor wiedergeben, haben (9a) und (10a) die Lesart $\exists\forall$; wenn wir *nicht* mit dem Negator wiedergeben, dann haben (9b) und (10b) die Lesart $\exists\neg$. Bei einem unspezifischen Indefinitum würden genau die umgekehrten Skopusverhältnisse vorliegen. (Es gibt Sprachen, in denen sich anders als im Deutschen spezifische und unspezifische Indefinita durch die Art des Artikels unterscheiden – siehe Ionin 2006.)

Wenn man nur (9) betrachtet, könnte man denken, dass der spezifische Gebrauch mit Sprecher-Referenz zusammenfällt; doch in (10) kann nicht die Rede davon sein, dass ein Sprecher mit dem Indefinitum auf eine bestimmte Katze Bezug nimmt. Der Unterschied zwischen (9) und (10) besteht darin, dass das Indefinitum in (9) Skopus über den Gesamtsatz (den ganzen Hauptsatz) hat (›Es gibt eine Katze, von der wir beobachten konnten, dass sie immer auf den Rücken fiel, wenn sie auf die Erde herabsprang‹) und das Indefinitum in (10) nur über den konditionalen Teilsatz Skopus hat (›Wenn es eine Katze gab, die immer auf den Rücken gefallen ist, wenn sie von der Mauer sprang, wurde sie zum Arzt gebracht‹).

Dieser Unterschied macht deutlich, dass man unter spezifischen Indefinita nochmal differenzieren muss zwischen **stark spezifischen** und **schwach spezifischen** Indefinita. Die stark spezifischen tendieren zu weitestmöglichem Skopus, die schwach spezifischen nicht (genauer in Pafel 2005: § 4). Hier ein weiteres Beispiel für ein stark spezifisches Indefinitum (aus Heim 1991: 520):

(11) Wenn wir damals auf einen unscheinbaren Mann, der auf der Straße Flugblätter verteilte, gehört hätten, wäre alles anders gekommen.

Auch Indefinita mit *gewiss* und *bestimmt* sind stark spezifisch:

(12) Wenn eine gewisse (/bestimmte) Person nicht den Mund hält, wird das Konsequenzen haben.

Wir haben in § 7.1 gesehen, dass Indefinita mit *gewiss* epistemisch spezifisch sind. Sie scheinen skopal stark spezifisch zu sein, weil sie epistemisch spezifisch sind.

Ob ein Indefinitum unspezifisch, schwach spezifisch oder stark spezifisch ist, hängt sehr stark ab von seiner Form. Ein bloßes Nomen (wie in: *Fragen hat er nicht gestellt*) kann nur unspezifisch interpretiert werden; Artikel plus Nomen kann im Prinzip sowohl unspezifisch wie spezifisch interpretiert werden; je mehr Attribute zum Nomen hinzukommen, umso stärker wird die spezifische Lesart und damit die Tendenz zur stark spezifischen Lesart (wie bei *ein unscheinbarer Mann, der auf der Straße Flugblätter verteilte*), die bei *bestimmt* und *gewiss* lexikalisch festgelegt scheint.

Exkurs: Intermediäre Lesarten von Indefinita: Nehmen wir an, Max und Moritz sind siebenjährige Jungs. Der Kontrast zwischen (13a) und (13b) ist der uns bereits geläufige Unterschied zwischen einem unspezifischen und einem spezifischen Indefinitum:

(13) a. Max bewundert jeden, der ein Smartphone besitzt.
b. Max bewundert jeden, der ein ganz bestimmtes Smartphone besitzt.

Nur (13b), aber nicht (13a) kann man so paraphrasieren, dass der Existenzquantor Skopus über den ganzen Satz hat: ›Es gibt ein Smartphone und Max bewundert jeden, der dieses besitzt.‹ Nun liegt es nahe, zu überlegen, ob dies nicht heißt, dass ein spezifisches Indefinitum ein Ausdruck ist, der auf einen ganz bestimmten Gegenstand referiert. In (13b) könnte man mit dem Indefinitum auf das iPhone XR referieren. Gegen eine solche Analyse werden ‚intermediäre Lesarten‘ ins Feld geführt, in denen ein spezifisches Indefinitum nicht als ein Ausdruck analysiert werden kann, der auf einen bestimmten Gegenstand referiert, sondern sich wie ein Existenzquantor mit weitem Skopus verhält. Man stelle sich die Situation in (14) vor.

(14) Max bewundert jeden, der ein iPhone XR besitzt. Und Moritz bewundert jeden, der ein Samsung S10 besitzt.

Diese Situation kann man nun wie in (15) beschreiben:

(15) Jeder der beiden bewundert jeden, der ein ganz bestimmtes Smartphone besitzt.

Doch in (15) kann das Indefinitum nicht ein bestimmtes Smartphone bezeichnen, schließlich hat jeder der beiden seinen eigenen Favoriten. Der Skopus des Existenzquantors, der dem Indefinitum entspricht, hat zwar Skopus über *jeden* (ist also spezifisch), hat aber nicht Skopus über *jeder der beiden* – deshalb spricht man oft von **intermediärer Lesart** (‚Zwischenskopuslesart‘):

(16) Für jeden der beiden gibt es ein ganz bestimmtes Smartphone, so dass er jeden bewundert, der es besitzt. (*Intermediäre Lesart von (15)*)

Selbst stark spezifische Indefinita können also keine referenziellen Terme sein, die auf (konkrete) Gegenstände referieren. (Zu intermediären Lesarten siehe u.a. Abusch 1994 und Reinhart 1997.)

7.4 Analyseoptionen bei (un)spezifischen Indefinita

Die Semantik der Indefinita ist kein einfacher Bereich. Es lässt sich kaum vermeiden, dass eine Einführung etwas anspruchsvoll gerät.

Die spezifischen und unspezifischen Indefinita kann man, was die Wahrheitsbedingungen angeht, wie einen Existenzquantor behandeln (›Es gibt (ein) *x* derart, dass‹). Der Satz *Ein Hund bellt* beispielsweise hat die Wahrheitsbedingung: ›Es gibt ein *x* derart, dass *x* ein Hund ist und *x* bellt.‹ Nur zwei Ausnahmen gibt es: Zum einen die generischen Indefinita, die, was ihre skopale Spezifizität angeht, stark spezifisch sind, wie wir noch sehen werden, und nicht wie ein Existenzquantor behandelt werden können; zum anderen Indefinita bei einer *de-dicto*-Lesart, die man erst nach einer semantischen Dekomposition wie Existenzquantoren behandeln könnte (etwa: *eine Katze suchen* = ›*x* will, dass *x* eine Katze findet‹). Es ist somit keine Überraschung, dass man in der logischen Semantik bei (nicht-generischen) Indefinita lange Zeit eine **Existenzquantoren-Analyse** verfolgt hat (so insbesondere in der sog. Montague-Semantik – siehe dazu einführend Pafel 2020: B.3).

Doch mit der Zeit zeigte sich, dass dies keine unproblematische Analyse ist. Es wurde klar, dass das Verhalten, das Indefinita in Bezug auf ihre skopale Spezifizität zeigen, sie strikt von echten Quantoren unterscheidet. Der Aufsatz von Janet Fodor und Ivan Sag *Referential and quantificational indefinites* (1982) spielte dabei forschungsgeschichtlich eine wichtige Rolle, auch wenn ein zentraler Aspekt ihrer Arbeit nicht überzeugen konnte, nämlich die Annahme, dass das besondere Verhalten von Indefinita darauf zurückzuführen sei, dass es eine referenzielle Lesart von Indefinita gäbe, in der sie Individuen bezeichnen (intermediäre Lesarten spielten in der sich anschließenden Diskussion eine wichtige Rolle).

Nun ist es keine Option, anzunehmen, dass Indefinita als Existenzquantoren bestimmten Beschränkungen, die für Quantoren gelten, nicht unterliegen. Denn Indefinita zeigen überhaupt kein Quantorenverhalten: Sie sind weder negations- noch quantorensensitiv. Für unspezifische Indefinita haben wir dies schon in den Sätzen in (7) gesehen. Für spezifische zeigen die folgenden Sätze dieselbe Lesart wie die entsprechenden Sätze in (9b) bzw. (10b):

(17) a. Wir konnten beobachten, wie es nicht dazu kam, dass eine Katze auf den Füßen landete, als sie von der Mauer sprang.
b. Wir konnten beobachten, wie immer und immer wieder eine Katze auf den Rücken fiel, wenn sie auf die Erde herabsprang.

Also ergeben diese Kriterien keinerlei Evidenz, dass Indefinita Existenzquantoren sein könnten. Zudem gibt es indefinite Nominalphrasen, die ein reguläres Quantorenverhalten zeigen. Man siehe den Kontrast zwischen (18a) und (18b):

(18) a. Einen **Kri**mi wird jeder lesen wollen.
b. **Ei**nen Krimi wird jeder lesen wollen.

In (18a) haben wir ein (unspezifisches) Indefinitum (Hauptbetonung innerhalb der Nominalphrase auf dem Nomen), in (18b) einen Existenzquantor mit dem Quantitativ *ein* (Hauptbetonung innerhalb der Nominalphrase auf dem Quantitativ). Nur in (18b) zeigt sich eine Quantorensensitivität: Es liegt eine Skopusambiguität vor (›Es gibt einen Krimi, den jeder lesen will‹ vs. ›Jeder will (zumindest) einen Krimi lesen‹).

Dass die Wahrheitsbedingungen sich bei nicht-generischen Indefinita adäquat durch Existenzquantifikationen angeben lassen, muss man also auf andere Weise erklären als dadurch, dass man die Indefinita als Existenzquantoren deklariert. Wie dies geschehen könnte, darin unterscheiden sich die verschiedenen Ansätze, die ich im Folgenden skizzieren werde.

Sehr einflussreich geworden ist die in den 1980er Jahren entwickelte Konzeption, der zufolge Indefinita freie Individuenvariablen (x) mit einer Restriktion (einem Prädikat) sind. Ein Indefinitum wie *ein Hund* wird repräsentiert als ›x ist ein Hund‹ und ein Satz wie *Ein Hund bellt* wird (stark vereinfacht) repräsentiert als ›x ist ein Hund & x bellt‹. Eine allgemeine Regel (die Regel des existenziellen Abschlusses ‚*existential closure*') führt dazu, dass ein Satz wie *Ein Hund bellt* eine Wahrheitsbedingung erhält wie ›Es gibt ein x derart, dass x ein Hund ist und x bellt‹. In *Jeder hörte einen Hund bellen* sorgt die Regel dafür, dass zwei Lesarten möglich sind (›Jeder hört (zumindest) einen Hund bellen‹, ›Ein Hund war es, den jeder bellen hörte‹). Diese **Individuenvariable+Restriktion-Analyse** ist von Hans Kamp (1981) und Irene Heim (1982) entwickelt und ein Kennzeichen der ‚Diskursrepräsentationstheorie' (DRT) geworden (zur DRT siehe Kamp/Reyle 1993; 2011; zur Grundidee siehe Pafel 2020: B.5). Ein besonderes Kennzeichen dieses Ansatzes ist es, dass die freie Variable eines Indefinitums auch von im Satz vorkommenden Quantoren gebunden werden kann (‚unselektive Bindung').

In der weiteren Diskussion wurde unterschiedlich mit den drei Aspekten der Interpretation eines Indefinitums umgegangen: der eingeführten Variable, der Restriktion, dem Existenzquantor.
Eine in der logischen Semantik seit Ende der 1990er Jahren beliebte Analyse macht Gebrauch von **Auswahlfunktionen** bzw. Skolemfunktionen (siehe u.a. Reinhart 1997, Kratzer 1998). Motiviert ist dieser Ansatz durch das ‚Donald-Duck-Problem' in Konditionalgefügen. Der Satz (19) ergibt eine falsche Wahrheitsbedingung, wenn wie in (I) analysiert, (II) jedoch ist adäquat:

(19) Max ist beleidigt, wenn wir einen bestimmten Philosophen einladen.
   I Es gibt ein x derart, dass Max beleidigt ist, wenn x ein Philosoph ist & wir x einladen.
   II Es gibt ein x derart, dass x ein Philosoph ist, und dass Max beleidigt ist, wenn wir x einladen.

Unter der Annahme, dass ein Konditionalgefüge wahr ist, wenn der Konditionalsatz falsch ist, wird (I) durch einen beliebigen Nicht-Philosophen (zum Beispiel Donald Duck oder Barak Obama) wahr gemacht, was nicht der intuitiven Wahrheitsbedingung von Satz (19) entspricht. Dies scheint zu zeigen, dass wir das Prädikat ›Philosoph‹ nicht vom Existenzquantor trennen dürfen, es darf nicht bei der Variablen verbleiben. Dieses Problem verschwindet aber, wenn man annimmt, dass das Indefinitum nicht eine Individuenvariable einführt, sondern eine Variable über Auswahlfunktionen.

Eine **Auswahlfunktion** ist eine Funktion, die einer Menge von Gegenständen genau einen Gegenstand aus dieser Menge als Wert zuordnet. Ein Beispiel: f_1 sei die Funktion, die der Menge der verschiedenen Smartphones das iPhone XR zuordnet. f_2 sei die Funktion, die der Menge der verschiedenen Smartphones das Samsung S10 zuordnet. Nehmen wir nun den Beispielsatz (20a) (=13b). Das Indefinitum im Relativsatz führt keine Individuenvariable (*x*) ein, sondern eine Variable für Auswahlfunktionen (*f*), die als Argument die Menge der Smartphone-Modelle nimmt (siehe (20b)). Diese Variable wird nun existenziell abgebunden (20c), was auf die Wahrheitsbedingung (20d) hinausläuft:

(20) a. Max bewundert jeden, der ein ganz bestimmtes Smartphone besitzt.
b. Max bewundert jeden, der *f* (Smartphone) besitzt
c. Es gibt ein *f*, so dass Max jeden bewundert, der *f* (Smartphone) besitzt
d. Es gibt ein Smartphone und Max bewundert jeden, der es besitzt.

Wenn Max jeden bewundert, der iPhone XR besitzt, so ist es die Existenz der Auswahlfunktion f_1, die den Satz wahr macht.

Was die existenzielle Abbindung der *f*-Variablen angeht, so kann diese an beliebiger Stelle stattfinden. Nehmen wir als Beispiel die Situation, in der Max jeden bewundert, der ein iPhone XR besitzt, und Moritz jeden bewundert, der ein Samsung S10 besitzt. Der Satz (21a) ist in dieser Situation nur in der Lesart (21c) wahr, nicht in der Lesart (21d), obwohl auch diese eine mögliche Lesart des Satzes darstellt:

(21) a. Beide bewundern jeden, der ein ganz bestimmtes Smartphone besitzt.
b. Beide bewundern jeden, der *f* (Smartphone) besitzt
c. Für jeden von den beiden gilt, dass es ein Smartphone gibt derart, dass er jeden bewundert, der dieses besitzt.
d. Es gibt ein Smartphone derart, dass beide jeden bewundert, der dieses besitzt.

Einen anderen Ausweg aus dem Donald-Duck-Problem schlägt Abusch (1994) vor: Indefinita führen eine Individuenvariable ein, doch die Restriktion wird zum Existenzquantor transportiert (siehe auch Jäger 2007 und Onea 2015).

Alle bisher betrachteten Vorschläge, das besondere Verhalten der Indefinita in Bezug auf ihre skopale Spezifizität zu erklären, kranken noch daran, dass dem Umstand nicht Rechnung getragen wird, dass die Interpretation eines Indefinitums als unspezifisch, schwach spezifisch oder stark spezifisch von seiner Form abhängt: einmal vom Determinativ (*ein* vs. *eine bestimmte* vs. *ein gewisser*), einmal von den Attributen zum Nomen (*eine Frage* vs. *eine Frage, die ich mir schon immer gestellt habe*) – und vielleicht noch von weiteren Aspekten. Dass es eine solche Abhängigkeit gibt, ist zumindest seit Fodor/Sag (1982) bekannt, erst in jüngerer Zeit wird ihr etwas mehr Aufmerksamkeit geschenkt. Um diesem Umstand gerecht(er) zu werden, gibt es auch Vorschläge, Indefinitum und Existenzquantifikation wieder näher zusammenzubringen. Aus der Perspektive der Individuenvariable+Restriktion-Analyse geht Farkas (2002) dieses Problem an, indem sie für die einzelnen Determinative spezielle Beschränkungen formulieren, van Geenhoven (1998) und Geurts (2010), indem sie Indefinita mehr oder weniger stark in die Präsuppositionstheorie integrieren (siehe auch Yeom 1998). Brasoveanu/Farkas (2011) behandeln Indefinita als Existenzquantoren mit Bindungsinformation und können so einen Teil des besonderen Skopusverhaltens erfassen. Schwarzschild (2002) erklärt stark spezifische Indefinita zu Existenzquantoren, die pragmatisch so weit angereichert werden, dass die Restriktion nur noch auf einen Gegenstand zutrifft (siehe auch Hawthorne/Manley 2012). Schwarz (2001) und Ionin (2010) schlagen je nach Typ des Indefinitums ganz unterschiedliche Analysen vor. Pafel (2005: § 4, § 7) analysiert Indefinita als Ausdrücke, die in der semantischen Struktur einen Existenzquantor einführen können: Daraus, dass diese (impliziten) Existenzquantoren unterschiedliche Skopusmerkmale aufweisen, ergibt sich das unterschiedliche Verhalten von unspezifischen, schwach spezifischen und stark spezifischen Indefinita. Die skopale Spezifizität wird durch eine Skopustheorie erklärt und in die allgemeine Theorie des Quantorenskopus integriert. Die Indefinita selbst werden als Terme betrachtet, die nicht konkrete Einzeldinge, sondern Typen von Gegenständen bezeichnen (was bei den unspezifischen Indefinita etwa in (7) am deutlichsten ist).

7.5 Generischer Gebrauch von Indefinita (und Definita)

Mit Indefinita sind im Prinzip drei unterschiedliche generische Aussageformen möglich: direkte, abgeleitete und normative Gattungsprädikationen.

Bei der **direkten Gattungsprädikation** (*regular kind predication*) wird von einer Art, einer Sorte, einem Typ eine Eigenschaft prädiziert, die nur auf die Art, die Sorte, den Typ zutreffen kann, nicht aber auf deren Exemplare:

(22) Dinosaurier sind ausgestorben. Schildkröten sind eine existenzbedrohte Tierart. Gold ist selten.

Ein Exemplar eines Dinosauriers kann nicht ausgestorben sein, es kann nur gestorben sein. Eine einzelne Schildkröte ist keine existenzbedrohte Tierart und das Gold, das wir gerade geschürft haben, ist nicht selten – es macht keinen Sinn, so zu reden. Es handelt sich bei diesen Eigenschaften um Gattungseigenschaften; bei den Prädikaten redet man folgerichtig von Gattungsprädikaten (*kind predicates*). Im Zusammenhang mit dem generischen Gebrauch von (In)definita rede ich allgemein von Gattungen, wenn Arten, Sorten, Typen gemeint sind (vgl. Zifonun et al. 1997: 2056 und Carlson 2011). Gattungen sind damit aber nichts anderes als das, was wir bei den Definita Typen genannt haben (siehe oben § 5.3).

Bei der **abgeleiteten Gattungsprädikation** (*characterizing sentences*) werden Eigenschaften prädiziert, die nur auf die (konkreten) Exemplare einer Gattung zutreffen können, nicht aber auf die Gattung selbst (man kann von Individuenprädikaten ‚*object-level predicates*' reden als Prädikate, die auf konkrete Individuen, nicht aber auf Gattungen zutreffen).

(23) Ein Dinosaurier konnte sehr alt werden. Schildkröten leben sehr lange. Wasser löscht den Durst.

Hier wird nun nicht direkt etwas von der Gattung prädiziert (dass sie lange leben würde, etwa), sondern eine induktive Generalisierung in Bezug auf die Exemplare der Gattung ausgedrückt. Mitunter werden auch Sätze mit einer ‚habituellen' Lesart, in denen eine Angewohnheit prädiziert wird (*Schmidt rauchte*), zu den abgeleiteten Gattungsprädikationen gezählt (so in Krifka et al. 1995: § 1.2.4, Carlson 2011; siehe kritisch dazu Oosterhof 2008: § 2.3).

Auch bei der **normativen Gattungsprädikation** (*rules-and-regulations reading*) treffen die prädizierten Eigenschaften auf die Exemplare zu, nur dass ein normatives Element hinzukommt.

(24) Ein Römer sorgt sich um das Wohl des Staates.

Mit dem Satz wird gesagt, dass der ‚wahre', ‚echte', ‚ideale' römische Bürger sich um das Wohl des Staates sorgt. Das normative Element kann auch eine Regel, Gesetzmäßigkeit oder konstitutive Eigenschaft betreffen (wie in *Ein Läufer zieht diagonal*).

Doch gilt es zu beachten, dass keineswegs mit allen Indefinita diese verschiedenen generischen Aussagen möglich sind. Es kann entscheidend sein, ob das Indefinitum einen (sichtbaren) Artikel aufweist oder nicht. So scheint eine normative Gattungsprädikation nicht möglich mit einem bloßen Nomen: *Römer sorgen sich um das*

Wohl des Staates ist eine deskriptive Generalisierung, eine abgeleitete Gattungsprädikation in unserer Terminologie, keine normative Aussage (der Unterschied ist subtil, keine Frage – siehe unten). Wie man im Vergleich mit (24) sieht, spielt der Artikel eine Rolle. Umgekehrt scheint mit einem Indefinitum bestehend aus Artikel und Nomen oft keine direkte Gattungsprädikation möglich: *Ein Dinosaurier ist ausgestorben. Eine Schildkröte ist eine existenzbedrohte Tierart.* Diese Sätze, wenn man sie überhaupt für akzeptabel hält, können nicht dieselbe Lesart haben wie *Dinosaurier sind ausgestorben. Schildkröten sind eine existenzbedrohte Tierart.*

Es ist jedoch zu beachten, dass die Sätze akzeptabel werden können, wenn die Nomen Untergattungen bezeichnen (taxonomische Lesart): *Eine andere Dinosaurierart ist kurz danach auch ausgestorben*; *Eine Schildkrötenart in Neuseeland ist angeblich nicht mehr existenzbedroht.* Die Akzeptabilität von *Ein anderer Dinosaurier ist kurz danach auch ausgestorben* hängt davon ab, wie gut sich *Dinosaurier* im Kontext als Untergattungsbezeichnung uminterpretieren lässt. In diesem Satz anscheinend leichter als in *Ein Dinosaurier ist ausgestorben* (die Möglichkeit des Kontrastes zu anderen Untergattungen derselben Obergattung scheint für die Uminterpretation relevant zu sein).

Die Sätze können auch akzeptabel werden, wenn das Prädikat des Satzes ein Art-von-X-Prädikat ist: Ein Hubschrauber ist eine Art Flugmaschine und Eine Promotion ist eine Art von Ultramarathon.

	Indefinitum mit Artikel	Indefinitum ohne Artikel
Direkte Gattungsprädikation	*/√	√
Abgeleitete Gattungsprädikation	√	√
Normative Gattungsprädikation	√	*

Tabelle 1: Generische Lesarten von Indefinita

Was diese und die noch folgenden Akzeptabilitätsbewertungen angeht, so ist Vorsicht angebracht, denn bislang ist die Variation zwischen Sprechern nicht genügend beachtet worden. Dies ändert sich erst langsam (siehe Oosterhof 2008, Barton et al. 2015).

Werfen wir einen Blick auf den **generischen Gebrauch von Definita**. Bei Definita im Plural scheint die Lage recht eindeutig. Direkte und abgeleitete Gattungsprädikation scheinen mit Individuativa problemlos möglich (Kontinuativa können in der Regel nicht im Plural stehen), die normative Gattungsprädikation unmöglich.

(25) a. Die Dinosaurier sind ausgestorben. Die Schildkröten sind eine existenzbedrohte Tierart.

b. Die Dinosaurier konnten sehr alt werden. Die Schildkröten leben sehr lange.
c. Die Römer sorgen sich um das Wohl des Staates. (**normative Lesart*)

Die Lage ist nicht ganz so klar bei Definita im Singular. Direkte und abgeleitete Gattungsprädikation sind im Prinzip bei Individuativa möglich, aber nicht alle Sätze sind für alle Sprecher gleichermaßen akzeptabel. Die Lage bei den Kontinuativa ist schwieriger zu beurteilen, ich tendiere dazu, sie als eher unakzeptabel zu betrachten. Die normative Gattungsprädikation ist vielleicht möglich.

(26) a. Der Dinosaurier ist ausgestorben. Die Schildkröte ist eine existenzbedrohte Tierart. Der Neandertaler ist schon lange ausgestorben. Die Meeresschildkröte ist eine existenzbedrohte Tierart. *Das Gold ist selten. ??Der Alkohol ist eine chemische Verbindung genannt Ethanol.
b. Der Dinosaurier konnte sehr alt werden. Die Schildkröte lebt sehr lange. Der Schwabe ist sparsam und fleißig. ??Das Wasser löscht den Durst.
c. Der Römer sorgt sich um das Wohl des Staates. (*normative Lesart*?)

Es ist deutlich, dass auf dem Gebiet der generischen Lesarten empirisch noch vieles nicht wirklich klar ist (zum generischen Gebrauch von Definita im Deutschen unter empirischen Gesichtspunkten siehe Barton et al. 2015).

7.6 Generizität

Es liegt auf der Hand, dass man Gattungsprädikationen – direkte insbesondere – so analysiert, dass in ihnen auf eine Gattung referiert wird. Dass Terme Gattungen (Typen, Arten, Sorten) bezeichnen können, ist eine sehr alte Vorstellung, die zumindest bis auf Aristoteles Kategorienschrift zurückgeht und über die *Isagoge* des Phorphyrios in die frühe Scholastik gelangt ist (siehe Rexroth 2018: Kap. IV.3), im sogenannten Universalienstreit eine gewisse Rolle gespielt hat und fortan zum festen Bestandteil des Nachdenkens über Sprache gehört. Man findet sie ganz am Rande bei Frege, besonders durch Gregory N. Carlson (1977a; 1977b) aber sie ist in der logischen Semantik zu einer vieldiskutierten Thematik und Generizität zu einem prominenten Forschungsfeld geworden (siehe u.a. Carlson/Pelletier (Hgg.) 1995; Chierchia 1998; Oosterhof 2008; Carlson 2011; Mueller-Reichau 2011).

Bei direkten Gattungsprädikationen (wie *Dinosaurier sind ausgestorben*, *Die Dinosaurier sind ausgestorben*, *Der Dinosaurier ist ausgestorben*) liegt es auf der Hand, anzunehmen, dass das

Indefinitum bzw. Definitum auf eine Gattung referiert und zwar genau auf die Gattung, die sich dadurch auszeichnet, dass deren Exemplare das Prädikat des (In)definitums (hier: *Dinosaurier*) erfüllen. Von dieser Gattung wird ein Gattungsprädikat (hier: *ausgestorben*) prädiziert. Die semantische Analyse ist einfach und einleuchtend. Das generische (In)definitum kann man dabei als eine definite Beschreibung einer Gattung betrachten: ›diejenige Gattung, die sich dadurch auszeichnet, dass etwas genau dann ein Exemplar der Gattung ist, wenn es die Eigenschaft *F* aufweist‹. Die Eigenschaft wird dabei durch das nominale Prädikat bezeichnet (*Dinosaurier*). Wenn man gewillt ist, stumme Artikel anzunehmen, dann kann man sagen, dass der stumme indefinite Artikel sowie der definite Artikel Operatoren sind, die eine definite Beschreibung einer Gattung möglich machen (bei den Definita haben wir von Typ-Referenz gesprochen in § 5.3). Für die Gattungsreferenz findet man in der Literatur die Repräsentation ↑**dinosaurier** und andere (siehe Chierchia 1998).

Bei abgeleiteten Gattungsprädikationen (wie Ein Dinosaurier konnte sehr alt werden, Dinosaurier konnten sehr alt werden, Die Dinosaurier konnten sehr alt werden, Der Dinosaurier konnte sehr alt werden) muss die Analyse komplexer werden, da das Individuenprädikat (sehr alt werden) nicht auf die Gattung selbst zutreffen kann. Entweder muss man etwas an der Bedeutung des (In)definitums verändern oder an der des Individuenprädikats. Beide Wege sind begangen worden.

Man kann eine semantische Operation beim Individuenprädikat vornehmen, so dass es (auch) auf Gattungen zutreffen kann (so Carlson 1977a, 1977b, Dayal 2004, Mueller-Reichau 2011). Oder man nimmt für das (In)definitum an, dass es einen impliziten Quantor ‘induziert’, der über die Exemplare der vom (In)definitum bezeichneten Gattung quantifiziert (so Pafel 2005: § 4.2.4; 2020: C; Oosterhof 2008: § 3.4.1.2). In Bezug auf unsere Dinosaurier-Sätze könnte der Quantor etwa die Bedeutung haben: ›Von allen typischen Exemplaren der Gattung der Dinosaurier gilt, dass‹.

Nicht immer jedoch kann man einfach über die typischen Exemplare einer Gattung als solcher quantifizieren. Nehmen wir den Satz *Die Grundel legt ihre Eier am liebsten zwischen Steinen ab*, der eine sinnvolle und wahre Aussage darstellen könnte. Hier können aber nicht alle Grundeln gemeint sein – nur Weibchen können Eier ablegen. Auch wenn man nur über typische oder normale Grundeln quantifiziert, bleibt das Problem – warum sollte ein Männchen keine typische oder normale Grundel sein können. Der Satz macht eine Aussage über typische weibliche Grundeln. Man kann die Aussage widerlegen, nicht dadurch dass man auf männliche Grundeln verweist, sondern auf typische weibliche Grundeln, die ein anderes Verhalten zeigen. Der implizite Allquantor muss also die Bedeutung haben ›Von allen typischen Exemplaren der Gattung der Grundeln, die Weibchen sind, gilt, dass‹. Welche Erweiterung der Quantor erhält, ist offensichtlich sehr kontextabhängig. In (*Die*) *Schildkröten leben sehr lange* etwa wird über typische Schildkröten quantifiziert, die die ersten Lebensjahre überstehen (die meisten Schildkröten sterben kurze Zeit nach dem Schlüpfen). Zu verschiedenen Vorschlägen, mit diesen Problemen umzugehen, siehe den Überblick in Carlson (2011: §2.3).

Ein Problem für die Sicht, dass generische Indefinita und Definita Gattungen bezeichnen, sind Indefinita im Singular, die in direkten Gattungsprädikationen nur in ganz speziellen Kontexten möglich sind (**Eine Schildkröte ist eine existenzbedrohte Tierart* vs. *Ein Hubschauber ist eine Art* (*von*) *Fluggerät*). Carlson (1977a,b) ist strikt der Meinung, dass Indefinita im Singular – im Kontrast zu Indefinita im Plural – keine Gattungen bezeichnen. Angeregt durch die Analyse von Indefinita als Individuenvariablen plus Restriktion (siehe oben § 4.4) und die Analyse von adverbialer Quantifikation in Heim (1982), hat sich eine prominente Forschungstradition entwickelt (siehe u.a. Krifka et al. 1995; Carlson 2011), die abgeleitete Gattungsprädikationen in der Weise analysiert, dass ihr generischer Charakter auf einen ‚Generizitätsoperator' (GEN) zurückzuführen ist, der die offene Variable der Indefinita bindet und der in etwa die Bedeutung von *im Allgemeinen* oder *gewöhnlich* hat, d.h. die Bedeutung eines Allquantors, der Ausnahmen erlaubt. *Vögel fliegen* hätte dann in erster Annäherung etwa die folgende Struktur:

(27) GEN [*x* ist ein Vogel] (*x* fliegt)
≈ Generell gilt, dass etwas, wenn es ein Vogel ist, fliegt.

Genauer wird angenommen, dass über Situationen und Vögel quantifiziert wird (siehe Carlson 2011: 1160):

(28) GEN [*s* ist eine *x*-Situation & *x* ist ein Vogel & *x* ist *F*] (*x* fliegt in *s*)
≈ Generell fliegt ein Vogel in einer Situation, in der er *F* ist.

Ein solches Vorgehen würde es erlauben, auf die Referenz auf Gattungen zu verzichten. Es ist nun aber nicht klar, wie *F* genau zu deuten ist, nur so viel ist klar, dass mit *F* solche Situationen spezifiziert werden sollen, in denen erwartbar ist, dass ein Vogel fliegt (vgl. Carlson 2011: 1160 in Bezug auf den Satz *Daffy flies*).

Nun knüpft dieses Vorgehen Generizität stark an die Indefinita. Generizität ist aber genauso, wenn nicht eigentlich stärker mit

Definita verbunden. Deshalb ist in der logischen Semantik das vorherrschende Vorgehen, die Idee der Gattungsreferenz *und* den GEN-Operator beide für die Analyse von Generizität heranzuziehen.

Was den GEN-Operator angeht, mag man es als ein Problem ansehen, dass bislang keine Sprache entdeckt wurde, in der dieser Operator explizit zu sehen wäre (Carlson 2011: 1161). Es gibt auch empirische Evidenzen gegen seine vermeintliche Existenz: Während *Vögel fliegen nicht* und *Es ist nicht der Fall, dass Vögel fliegen* logisch äquivalent sind, sind dies *Vögel fliegen im Allgemeinen nicht* einerseits und *Es ist nicht der Fall, dass Vögel im Allgemeinen fliegen* andererseits nicht. Die Generizität scheint damit nicht auf die Anwesenheit eines nicht sichtbaren *im Allgemeinen* zurückgeführt werden zu können, denn sonst würde man bei Negation unterschiedliche Lesarten erwarten.

Nun ist es durchaus eine Option, bei Indefinita generell wie bei generischen Definita von Referenz auf Gattungen auszugehen. Nur muss dann eine gute Erklärung für die Unmöglichkeit der direkten Gattungsprädikation insbesondere bei Indefinita im Singular gefunden werden. Dieser Punkt sollte im größeren Kontext der Frage behandelt werden, wie man theoretisch erfasst, dass in einer Sprache die Akzeptabilitätsurteile in Bezug auf gewisse Typen von generischen Sätze recht unterschiedlich ausfallen können und dass es deutliche Unterschiede zwischen eng verwandten Sprachen gibt in Bezug auf die Akzeptabilität von Typen von generischen Sätzen (vgl. Oosterhof 2008).

Grundbegriffe: Gattungsprädikation, Generizität, skopale Spezifizität, epistemische Spezifizität.

Weiterführende Literatur: Zu Generizität: Carlson (2011), Krifka et al. (1995). Zu Spezifizität: von Heusinger (2019).

8 Pronomen

So vielfältig die Wortart der Pronomen ist, so vielfältig sind auch ihre semantischen Gebrauchsweisen. Wir werden uns einen Überblick verschaffen und dabei natürlich vor allem die referenziellen Verwendungen von Pronomen etwas genauer betrachten.

8.1 Personal- und Demonstrativpronomen und Theorien der Indexikalität

Unter **Personalpronomen** seien Pronomen mit Sprecher- oder Adressatenreferenz – im Deutschen: *ich*, *du*, *wir*, *ihr* und *Sie* – verstanden (vgl. Bühler [1934] ²1965: 113). Traditionellerweise umfasst die Kategorie der Personalpronomen auch *er*, *sie* und *es*, die wir aber von den eigentlichen Personalpronomen unterscheiden und ‚Anaphern' nennen werden (vgl. Zifonun et al. 1997: 37). Personalpronomen sind Terme, die den Sprecher einer Äußerung (*ich*), den Adressaten einer Äußerung (*du*, *Sie*), eine Pluralität aus dem Sprecher einer Äußerung und noch jemandem (*wir*) oder eine Pluralität aus den Adressaten einer Äußerung und gegebenenfalls noch jemandem (*ihr*, *Sie*) bezeichnen.

Personalpronomen werden indexikalisch bzw. deiktisch verwendet. **Indexikalität** bzw. **Deixis** ist eine besondere Form von Kontextabhängigkeit, die sich dadurch auszeichnet, dass die Bedeutung der Ausdrücke einen Bezug auf die Äußerungssituation aufweist. Personalpronomen gehören zu den **reinen Deiktika**, zu denen auch Lokal- und Temporaladverbien wie *hier* und *jetzt*, Adjektive wie *gegenwärtig* und *aktuell* sowie die Temporalkonstruktionen (Präsens, Präteritum, Präsensperfekt etc.) gehören. Die Bedeutung der reinen Deiktika bezieht sich auf Aspekte der Äußerungssituation.

Demonstrativpronomen sind im Deutschen *der*/*die*/*das* sowie betontes *er* und betontes *sie*. Sie gehören zu den **demonstrativen Deiktika**, die sich durch einen Bezug auf die in der Äußerungssituation für Sprecher und Adressaten salienten Gegenstände auszeichnen. Zu dieser Gruppe der Deiktika gehören auch Nominalgruppen mit Demonstrativ (*dieser*, *jener*) und Lokaladverbien wie *hier*, *da*, *dort*. Die Demonstrativpronomen weisen wie die Demonstrativa allgemein einen situativ-deiktischen, einen anaphorischen und einen diskursdeiktischen Gebrauch auf; ein einführender Gebrauch ist jedoch nicht möglich, da zu wenig Information über den Referenten geliefert wird (zu diesen Gebräuchen siehe oben § 5.1). Der anaphorische Gebrauch referiert – im Unterschied zu den Anaphern *er*, *sie*, *es* – auf etwas, was bisher nicht Topik war.

(1) Der Anwalt sprach mit einem Klienten. Da der nicht viel Zeit hatte, vereinbarten sie ein weiteres Gespräch nächste Woche.

Das Antezedens zu dem Demonstrativpronomen ist das Indefinitum *einem Klienten*, das definite Subjekt des ersten Satzes ist als Antezedens nicht möglich, es ist ja bereits Topik. Das Demonstrativpronomen *der* unterscheidet sich von der Anapher *er* nicht in seiner Semantik, aber in den anaphorischen Bezugsmöglichkeiten. So hat die Anapher größere Bezugsmöglichkeiten, sie ist nicht auf ein neues Topik festgelegt. In *Der Anwalt sprach mit einem Klienten. Da er nicht viel Zeit hatte, vereinbarten sie ein weiteres Gespräch nächste Woche* ist das Subjekt bevorzugt das Antezedens, aber es kann auch das Indefinitum sein.

Betrachten wir das Phänomen der Indexikalität nun genauer.

Index und Origo: *Indexikalität* ist der in der Sprachphilosophie und der logischen Semantik verbreitete Terminus. Er lässt sich auf den amerikanischen Wissenschaftler und Philosophen **Charles Sanders Peirce** (1839–1914) zurückführen. Peirce hat drei Typen von Zeichen unterschieden, was ihr Verhältnis zum bezeichneten Objekt angeht: Ikon, Index, Symbol. Ein ‚Ikon' bezeichnet das Objekt aufgrund einer gemeinsamen Qualität – Portraits sind ein Beispiel von Peirce. Zwischen einem ‚Index' und seinem Objekt besteht eine ‚existenzielle' (z.B. kausale) Beziehung. Beispiel: der Wetterhahn auf dem Dach, der die Windrichtung anzeigt. Bei einem ‚Symbol' gibt es eine konventionelle Verbindung zum Objekt – ein beliebiges Substantiv oder Verb kann als Beispiel dienen. Wie Peirce die Kategorie des Indexes auf indexikalische Ausdrücke anwendet, illustriert das folgende Zitat:

> The demonstrative pronouns 'this' and 'that' are indices. For they call upon the hearer to use his powers of observation, and so establish a real connection between his mind and the object; and if the demonstrative pronoun does that – without which its meaning is not understood – it goes to establish such a connection, and so is an index. (Peirce 1955: 110; zitiert nach Nunberg 1993: 19)

Doch haben Peirces Analysen zu indexikalischen Ausdrücken für die Sprachphilosophie und Linguistik lange Zeit keine Rolle gespielt – trotz der terminologischen Anleihen bei Peirce. Erst mit Hans Reichenbach (siehe unten) beginnt im angelsächsischen Raum eine kontinuierliche Debatte über Indexikalität.

In der Linguistik ist *Deixis* der gängige Terminus, der sich bis auf den griechischen Grammatiker Appolonius Dyskolos zurückführen lässt. In der europäischen Tradition der Deixisforschung hat der Sprachpsychologe **Karl Bühler** (1879–1963) eine herausragende Stellung insbesondere durch seine Konzeption des Zeigfeldes und dessen Origo. Bühler geht davon aus, „daß alles sprachlich Deiktische [...] im *Zeigfeld* der Sprache die Bedeutungserfüllung und Bedeutungspräzision von Fall zu Fall erfährt; und *nur* in ihm *erfahren kann*" (Bühler [1934] ^{2}1965: 80). Das Zeigfeld können wir in etwa als unmittelbaren Äußerungskontext verstehen. Das Besondere an den Ausdrücken *jetzt*, *hier*, *ich* ist, „daß jedes von ihnen fordert: schau auf mich Klangphänomen und nimm mich als Augenblicksmarke das eine, als Ortsmarke das andere, als Sendermarke (Sendercharakteristikum) das dritte" (Bühler [1934] ^{2}1965: 102).

Das Zeigfeld bildet den für Sprecher und Empfänger gemeinsamen Wahrnehmungsraum. Nun ist unsere Wahrnehmung eine egozentrische Wahrnehmung, will heißen, „daß alle Sinnesdaten, die ihm zufließen, eingetragen sind in eine Ordnung, ein Koordinationssystem, dessen Origo (Koordinationsausgangspunkt) das ist, worauf die Zeigwörter *hier*, *jetzt*, *ich* hindeuten" (Bühler [1934] ^{2}1965: 126).

> Das Zeigfeld der Sprache im direkten Sprechverkehr ist das hier-jetzt-ich-System der subjektiven Orientierung; Sender und Empfänger leben wachend stets in dieser Orientierung und verstehen aus ihr die Gesten und Leithilfen der demonstratio ad oculos. (Bühler [1934] ^{2}1965: 149).

Reichenbach: Selbstreferenzielle Vorkommen: Der Philosoph und Physiker Hans Reichenbach hat in seinem Buch *Elements of symbolic logic* (1947) nicht nur mit wenigen Seiten zur Tempussemantik (§ 51) die linguistische Forschung im 20. Jahrhundert ganz entschieden geprägt, sondern auch mit seiner Analyse der Deiktika eine wegweisende Analyseoption skizziert.

Bei Deiktika ist es besonders klar, dass es notwendig ist, zwischen Ausdruck und Vorkommen des Ausdrucks sowie zwischen Bedeutung und Referenz zu unterscheiden. Der Ausdruck *ich* hat eine konventionelle Bedeutung (etwa: ›Mit *ich* ist der Sprecher gemeint‹), nur die Vorkommen von *ich* haben einen Referenten und je nach Vorkommen kann der verschieden sein. Das Phänomen der vorkommensrelativen Referenz möchte Reichenbach erklären.

Reichenbach (1947: § 50) betrachtet Deiktika als definite Beschreibungen, deren Referenz über die Referenz auf das jeweilige Vorkommen des Deiktikums bestimmt ist. Ein Vorkommen von *ich* wird verstanden als ›die Person, die dieses Vorkommen äußert‹, ein

Vorkommen von *jetzt* als ›die Zeit, zu der dieses Vorkommen geäußert wird‹ und ein Vorkommen von *dieser Tisch* als ›der Tisch, auf den die Zeigegeste deutet, die dieses Vorkommen begleitet‹. Es handelt sich bei Deiktika um ‚Ausdrücke mit selbstreferenziellen Vorkommen' (*token-reflexive words*). Die Herausforderung, die dieser Ansatz stellt, ist, zu erklären, wie die Referenz auf das Vorkommen selbst genau funktioniert (siehe dazu auch Kaplan 1999).

Kaplan: Charakteristische Bedeutung und Demonstration: Der Philosoph und Logiker David Kaplan knüpft in *Demonstratives* ([1977] 1989) – im Gegensatz zu Reichenbach – die Semantik nicht an die konkreten Vorkommen der Deiktika, sondern an den Kontext, genauer: an Ausdrücke relativ zu einem Kontext.

Die Bedeutung von reinen Deiktika nennt er ‚character', hier mit ‚charakteristische Bedeutung' wiedergegeben. *Ich* hat die charakteristische Bedeutung ›der Sprecher in einem Kontext *c*‹, *jetzt* bedeutet ›die Zeit eines Kontextes *c*‹. Wenn der Kontext *c* festgelegt ist, dann referiert das Deiktikum in diesem Kontext auf den entsprechenden Gegenstand – den Sprecher, die Jetzt-Zeit etc. Charakteristische Bedeutung und direkte Referenz (siehe § 5.2) sind die beiden wesentlichen semantischen Eigenschaften von reinen Deiktika.

Für demonstrative Deiktika nimmt Kaplan ([1977] 1989) – abgesehen vom Aspekt der direkten Referenz – eine deutlich andere Analyse vor, insofern bei ihnen eine ‚Demonstration' (z.B. eine Zeigegeste) semantisch von entscheidender Bedeutung ist, eine Analyse, von der er Abstand genommen hat, seit er die ‚perzeptuelle Intention' für entscheidend erachtet (siehe oben § 5.2).

Evans: Referenzielles Merkmal und Identifikation: Der Philosoph Gareth Evans betont in *Varieties of reference* (1982) den Aspekt, dass man Sätze mit Deiktika nur versteht, wenn man einen passenden ‚informationsbasierten' Gedanken bilden kann. Bei demonstrativen Deiktika ist in der Regel eine demonstrative Identifikation nötig (siehe oben § 5.2). Aber auch bei reinen Deiktika muss der Referent mit Hilfe eines ‚referenziellen Merkmals' identifiziert werden. *Ich* zum Beispiel ist in einer Äußerungssituation mit dem referenziellen Merkmal ›die Person zu sein, die diese Äußerung macht‹ verbunden; der Adressat identifiziert aufgrund dieses Merkmals den Sprecher als den Referenten.

Ein neuer Konsens? Wenn man Evans und die neueren Beiträge von prominenten Forschern (Perry 2006, Kaplan 2012, Recanati 2012) zu

Deiktika anschaut, dann zeichnet sich, wenn man von terminologischen Unterschieden abstrahiert, deutlich eine einheitliche Sichtweise ab (Pafel 2017): Deiktische Ausdrücke haben (i) eine (konventionelle) charakteristische Bedeutung; Vorkommen dieser Ausdrücke (bzw. die Ausdrücke im Kontext) haben (ii) eine kontextuelle Bedeutung, die aus der charakteristischen durch Hinzufügung von Kontextelementen resultiert; auf der Basis der kontextuellen Bedeutung ergibt sich (iii) durch die Identifikation eines Gegenstandes die kognitive Bedeutung, die einer Gegebenheitsweise des Gegenstandes entspricht.

8.2 Anaphern I: Koreferenz und Bindung

Unter den Begriff der **Anapher** fallen im Deutschen *er*, *sie*$_{\text{SINGULAR}}$, *sie*$_{\text{PLURAL}}$ und *es*. Die Verwendungsweisen dieser Pronomen sind sehr vielfältig, wie wir im Laufe der §§ 8.2 und 8.3 sehen werden.

Typischerweise liegt bei Anaphern **Koreferenz** vor, d.h. sie erhalten ihre Referenz von ihrem ‚Antezedens'. Die Sätze in (2) etwa kann man so verstehen, dass die kursivierten Ausdrücke das Antezedens der Anaphern sind:

(2) a. *Marie* glaubt, dass sie gewinnen kann.
b. *Max* hat *Moritz* versichert, dass sie gewinnen können.
c. *Moritz* ist gekommen, er hat aber nichts mitgebracht.

In (2b) sind *Max* und *Moritz* das Antezedens.

Zumindest drei Möglichkeiten gibt es, zu erklären, wie es zur Koreferenz kommt. Man kann Anaphern als Faulheitspronomen (*pronouns of laziness*, Geach [1962] ^{3}1980: 151) verstehen, die anstelle des Antezedens verwendet werden und dieses vertreten. Man kann aber auch eine Referenzübertragung ins Auge fassen vom Antezedens zu Anapher. Oder man deutet Anaphern als Ausdrücke, die situativ saliente Gegenstände bezeichnen. In diesem letzten Fall kann man Anaphern als definite Beschreibungen deuten. Auf was sie referieren, hängt von verschiedenen Faktoren ab, was besonders deutlich wird, wenn man Anaphern mit Demonstrativpronomen vergleicht (siehe etwa Byron et al. 2008 sowie oben Beispiel (1)). Zu den möglichen Faktoren, die die Koreferenzinterpretation steuern, siehe u.a. Kehler et al. (2008) sowie Kaiser/Fedele (2019).

Das folgende Beispiel weist nun darauf hin, dass Anaphern nicht nur koreferent verwendet werden können:

(3) Marie glaubt, dass sie gewinnen wird, und Emma (tut das) auch.

Der Satz kann einmal bedeuten, dass Marie von sich glaubt, dass sie gewinnen wird, und dass auch Emma glaubt, dass Marie gewinnen wird (**strikte Lesart**). In diesem Fall wird die Anapher – wie gehabt – koreferent verwendet. (Eine strikte Lesart liegt auch vor, wenn das Antezedens der Anapher in einem Vorgängersatz zu finden ist und mit *sie* also nicht Marie, sondern jemand anderes gemeint ist.) Der Satz (3) kann aber auch bedeuten, dass Marie von sich glaubt, dass sie gewinnen wird, und dass Emma von sich glaubt, dass sie gewinnen wird (**Sloppy-Lesart**).

Diese letztere Lesart kann man aber nicht mit Koreferenz erklären. Wenn *sie* in (3) nur Marie bezeichnen kann (wenn *Marie* das Antezedens ist), dann kann mit *tut das auch* in (3) nur gemeint sein ›glaubt, dass Marie gewinnen wird‹. Auf diese Weise ergäbe sich nur die strikte Lesart. Also darf *sie* nicht Marie bezeichnen, will man die Sloppy-Lesart erklären. Es muss noch eine andere Verwendung der Anaphern geben als die koreferente.

In der Sloppy-Lesart hat das Prädikat *glaubt, dass sie gewinnen wird* die Bedeutung ›*x* glaubt, dass *x* gewinnen wird‹. Dieses Prädikat trifft auf eine Person zu, wenn sie von sich glaubt, dass sie gewinnen wird. (3) kann man nun so analysieren, dass dieses Prädikat auf Marie und auch auf Emma zutrifft – dies ergibt dann die Sloppy-Lesart. Die Anapher *sie* hat in dieser Lesart den Status einer von einem Antezedens abhängigen Variablen (‚*x*'), einer ‚gebundenen Variablen'. Man spricht von Variablenbindung, kurz: **Bindung**.

Die Rede von gebundenen Variablen kommt aus der Prädikatenlogik und bezieht sich dort auf das Verhältnis eines Quantors zu einer Variablen. Genau dieses Verhältnis finden wir auch in natürlichsprachlichen Fällen, wo ein Quantor das Antezedens einer Anapher ist, in Fällen wie *Jeder Trojaner glaubt, dass <u>er</u> es mit Achill aufnehmen kann*. Hier kann die Anapher nicht koreferent mit dem Quantor *jeder Trojaner* sein. Zum einen, weil Quantoren nichts bezeichnen, zum anderen, weil selbst bei einem weiten Verständnis von ‚Koreferenz' der Satz nicht dieselbe Bedeutung hat wie *Jeder Trojaner glaubt, dass jeder Trojaner es mit Achill aufnehmen kann*. Es liegt nicht Koreferenz, sondern Bindung vor: Die Anapher ist eine vom Quantor gebundene Variable.

Variablen kann man verstehen als Ausdrücke, die ihre Referenz „unbestimmt andeuten" (so Frege). Auf gewisse Weise kann man Bindung auf Koreferenz ‚zurückspielen': Wenn man in dem Trojaner-Satz von eben für den Quantor einen Term einsetzt (*Aeneas glaubt, dass <u>er</u> es mit Achill aufnehmen kann*), dann ist die Anapher koreferent mit diesem Term. Heute fasst man Variablen technisch meist als Ausdrücke, deren Referenz durch eine Zuordnungs- bzw. Variablenfunktion gegeben ist, die allen Variablen einen Referenten zuweist, von Quantoren aber verändert werden kann.

Die Möglichkeit der Sloppy-Lesart in (3) hängt also ganz wesentlich davon ab, dass eine Anapher auch den Status einer Variablen haben kann. Dies zeigt sich auch daran, dass in elliptischen Sätze der Art wie (3) bei quantifikationellem Antezedens nur eine Sloppy-Lesart möglich ist:

(4) Jeder Trojaner glaubt, dass er es mit Achill aufnehmen kann, und jeder Phönizier (tut das) auch.

Wenn *jeder Trojaner* das Antezedens zur *er* ist, dann kann der Satz nur bedeuten, dass jeder Trojaner von sich glaubt, dass er es mit Achill aufnehmen kann, und dass jeder Phönizier von sich glaubt, dass er es mit Achill aufnehmen kann. Dies ergibt sich daraus, dass die Anapher, da sie einen Quantor als Antezedens hat, nur eine Variable sein kann.

Bindung ist damit neben Koreferenz die zweite Beziehung, die Anaphern zu ihrem Antezedens eingehen können. Am Rande sei erwähnt, dass auch Personalpronomen den Status von Variablen haben können, dann nämlich, wenn sie von einem Personalpronomen desselben Typs gebunden werden: *Nur mir gelang es, mich zu befreien* kann man so verstehen, dass mit dem Satz ausgesagt wird, dass es den anderen nicht gelang, dass sie **sich** befreiten.

8.3 Anaphern II: E-Typ-Pronomen, Paycheck-Pronomen, Eselssätze

Es gibt nun aber Verwendungsweisen von Anaphern, wo es nicht so klar ist, dass sie in einer Koreferenz- oder Bindungsbeziehung zu ihrem Antezedens stehen. Diesen Verwendungsweisen wenden wir uns nun zu.

E-Typ-Pronomen: Betrachten wir die folgenden Sätze:

(5) Johannes hat sich vor kurzem einige Schafe gekauft und morgen wird Hans sie impfen.

(6) Es sind nur wenige Leute erschienen, aber sie haben sich bestens vergnügt.

In (5) ist das Antezedens von *sie* der Quantor *einige Schafe*, in (6) ist (*nur*) *wenige Leute* das Antezedens. Es liegt auf der Hand, wie man das angibt, worauf das Pronomen referiert. In (5) referiert es auf die

Schafe, die Johannes vor kurzem gekauft hat, und in (6) referiert es auf die (wenigen) Leute, die erschienen sind. Die Sätze (5) und (6) lassen sich also so paraphrasieren, dass die Anaphern für definite Beschreibungen stehen:

(5*) Johannes hat sich vor kurzem einige Schafe gekauft und morgen wird Hans die Schafe, die Johannes sich vor kurzem gekauft hat, impfen.

(6*) Es sind nur wenige Leute erschienen, aber die (wenigen) Leute, die erschienen sind, haben sich bestens vergnügt.

Die Anaphern in (5) und (6) scheinen versteckte definite Beschreibungen zu sein, die aus dem Material des Satzes bestehen, in dem das Antezedens steht. Pronomen, für die dies gilt, werden **E-Typ-Pronomen** (*E-type pronouns*) genannt. Sie sind von Gareth Evans (1977, 1980) als ein besonderer Typ von Pronomen entdeckt und eingehend untersucht worden (warum er sie E-Typ-Pronomen genannt hat, ist unklar; heute spricht man manchmal von D-Typ-Pronomen, *D* für *description*).

Evans hat deutlich gemacht, dass bei E-Typ-Pronomen weder Koreferenz noch Bindung vorzuliegen scheint. Dies können wir uns an den Sätzen (5) und (6) leicht klar machen. Die Anapher *sie* kann nicht ‚koreferent' mit dem Quantor sein, denn (5) sagt etwas anderes aus als der Satz *Johannes hat sich vor kurzem einige Schafe gekauft und morgen wird Hans einige Schafe impfen*. Mit diesem Satz wird anders als mit (5) nicht ausgedrückt, dass es die Schafe von Johannes sind, die Hans impfen wird. Man kann auch ausschließen, dass die Anapher von dem Quantor gebunden wird. Wenn in (6) Variablenbindung vorliegen würde, würde der Satz auf die folgende Aussage hinauslaufen: „Nur von wenigen Leuten lässt sich sagen, dass sie erschienen sind und sich bestens vergnügt haben." Diese Aussage ist auch wahr in einer Situation, in der durchaus viele Leute erschienen sind, sich aber nur wenige von ihnen bestens vergnügt haben. Doch im Unterschied dazu folgt aus dem Satz (6), dass nur wenige Leute überhaupt erschienen sind. Dies ist genau das, was der erste Teil, also *Es sind nur wenige Leute erschienen*, sagt (der Satz (6) ist als logische Konjunktion zweier Aussagen zu verstehen). Somit kann man den Satz nicht mit einer Bindung der Anapher durch den Quantor wiedergeben.

Evans hat vorgeschlagen, E-Typ-Pronomen als versteckte definite Beschreibungen zu analysieren, wie dies die Paraphrasen (5*) und (6*) auch nahelegen. Eine ernsthafte Herausforderung für diese Analyse ist, genau zu spezifizieren, wie sich die definite Beschreibung aus dem Material des Satzes ergibt, in dem das Antezedens steht. Davies (1981) und Neale (1990) haben dies detailliert ausgearbeitet.

Dies erinnert an die Strategie der Erweiterung in § 5.3 in Bezug auf das Problem der Unvollständigkeit der Beschreibung.

Man könnte stattdessen auch die Strategie der Beschränkung und die Salienz ins Spiel bringen, insbesondere wenn man sieht, dass sich Sätze wie (5) und (6) mit Hilfe von Demonstrativa paraphrasieren lassen:

(5**) Johannes hat sich vor kurzem einige Schafe gekauft und morgen wird Hans diese Schafe impfen.

(6**) Es sind nur wenige Leute erschienen, aber diese Leute haben sich bestens vergnügt.

E-Typ-Pronomen wären dann versteckte definite Beschreibungen, die eine saliente Menge von Gegenständen bezeichnen. Wie man an (5**) und (6**) sieht, benötigen wir als Quelle für das Prädikat der definiten Beschreibung jetzt nur das Nomen des Antezedens (*Schafe* bzw. *Leute*). *Diese Schafe* bezeichnet dann die in der Äußerungssituation salienteste Menge an Schafen, und das sind in (5) die Schafe, die Johannes sich gekauft hat. Entsprechend in (6). Man könnte nun erwägen, dass in (5) und (6) Koreferenz nur zum Nomen vorliegt, dass *Schafe* bzw. *Leute* eigentlich das Antezedens ist (vgl. Elbourne 2001; dies ist kompatibel mit Evans Nachweis, dass das Pronomen zu *einige Schafe* bzw. *nur wenige Leute* weder in einer Koreferenz- noch Bindungsbeziehung steht). Doch hier scheint sich ein Problem zu ergeben, wenn wir die folgenden Sätze betrachten:

(7) Wenn sich Johannes einige Schafe kauft, wird Hans sie impfen.

(8) Wenn nur wenige Leute erscheinen, werden sie viel Platz haben.

Auch hier lässt sich das E-Typ-Pronomen durch ein Demonstrativum ersetzen, doch Salienz in Bezug auf die Äußerungssituation kann nicht vorliegen.

(7*) Wenn sich Johannes einige Schafe kauft, wird Hans diese Schafe impfen.

(8*) Wenn nur wenige Leute erscheinen, werden diese Leute viel Platz haben.

Die Lösung könnte sein, dass wir Salienz allgemeiner fassen: Salienz in Bezug auf eine Situation. Dies kann, aber muss nicht die Äußerungssituation sein, in (7) und (8) sind dies hypothetische Situationen, die nichts mit der Äußerungssituation zu tun haben.

Evans Analyse wird seit den 1990er Jahren in der Semantik intensiv rezipiert (siehe Heim 1990, Neale 1990, Heim/Kratzer 1998: Kap. 11, Elbourne 2001, 2013; Cooper 1979 verfolgte einen ähnlichen Ansatz – siehe auch Davies 1981). Zum Forschungsstand und zu weiteren Analyseansätzen siehe King/Lewis (2018).

Paycheck-Pronomen: In dem folgenden Satz zeigt sich eine Verwendungsweise von Anaphern, die man auch nicht so einfach über Koreferenz oder Bindung beschreiben kann:

(9) Max, der immer seinen Neigungen folgt, hat mehr Verstand als Moritz, der sie oft unterdrückt.

Den Satz (9) kann man so verstehen, dass Max seinen eigenen Neigungen immer folgt, während Moritz seine eigenen Neigungen oft unterdrückt. Das bedeutet, dass die Anapher *sie* in (9) nicht auf die Neigungen von Max referiert. Wenn schon, dann referiert die Anapher auf die Neigungen von Moritz. Wie kann das aber sein, wenn *seinen Neigungen* das Antezedens ist, das, wenn es auf irgendwelche Neigungen referiert, dann doch nur auf die Neigungen von Max referieren kann.

Anaphern wie *sie* in (9) werden **Paycheck-Pronomen** genannt, nach einem berühmten Beispielsatz von Lauri Karttunen:

(10) The man who gave his paycheck to his wife was wiser than the one who gave it to his mistress.

Zwei weitere Beispiele aus der Forschungsliteratur:

(11) John gave his paycheck to his mistress. Everybody else put it in the bank.
(12) Every decent man visits his father regularly, but John hasn't seen him for years.

Zurück zu Satz (9). Die Anapher *sie* bedeutet so viel wie ›seine Neigungen‹, das ist klar. Insofern scheint Koreferenz vorzuliegen. Aber was ist die Referenz des Antezedens, wenn es nicht die Neigungen von Max sein können? Eine Lösung zeichnet sich ab, wenn man innerhalb des Antezedens *seine Neigungen* eine implizite Anapher annimmt und als Variable deutet, so dass das Antezedens etwa die Bedeutung hat ›dem x seine Neigungen‹ bzw. ›die Neigungen von x‹. Diese Bedeutung oder ein Teil davon könnte das sein, was von der Anapher übernommen wird. Wenn nun gesichert ist, dass die Variable x in dem einen Fall von *Max*, in dem anderen von *Moritz* gebunden wird, zeichnet sich die in Frage stehende Lesart des Satzes (9) ab:

(9*) Max$_1$, der immer den Neigungen von x_1 folgt, hat mehr Verstand als Moritz$_2$, der die Neigungen von x_2 oft unterdrückt.

Was ist nun das Verhältnis von *sie* zu seinem Antezedens? Koreferenz kann es nicht sein: Das Antezedens referiert auf nichts (auf keine Neigungen), da es eine Variable enthält. Bindung kann es auch nicht sein. Es könnte sich bei dem Paycheck-*sie* wie bei einem E-Typ-Pronomen um eine definite Beschreibung handeln. Der Definitheitsoperator hat die Bedeutung ›Einzigkeit ohne Salienz‹ und das Prädikat die Bedeutung ›Neigungen von *x*‹. Da das Antezedens *seine Neigungen* eine definite Beschreibung der Form ›die Neigungen von *x*‹ ist, greift das Paycheck-Pronomen auf das Prädikat dieser definiten Beschreibung zu, also auf ›Neigungen von *x*‹. Auf gewisse Weise hätten wir es dann doch mit Koreferenz zu tun, da die Bedeutung des prädikativen Teils übernommen wird.

Zu Paycheck-Pronomen siehe unter anderem Jacobson (2000) und Elbourne (2013).

Anaphorische Beziehungen in Eselssätzen: Unter einem **Eselssatz** versteht man Konditionalgefüge sowie Sätze mit Relativsätzen, die sich durch anaphorische Beziehungen von Anaphern zu Indefinita im Konditional- bzw. Relativsatz auszeichnen (mit Eselssätzen haben sich bereits die Referenztheoretiker des Mittelalters befasst, über Geach [1962] ³1980: § 72 ist diese Thematik in der modernen Semantik wieder aufgenommen worden):

(13) a. Wenn ein Bauer einen Esel besitzt, dann schlägt er ihn.
b. Jeder Bauer, der einen Esel besitzt, schlägt ihn.

Die Anapher *er* hat in (13a) *ein Bauer*, und die Anapher *ihn* hat in (13a) und (13b) *einen Esel* als Antezedens. Das Problem, das Eselssätze aufwerfen, zeigt sich, wenn man sich fragt, was die Referenz der Anaphern ist. *Ihn* kann nicht auf einen bestimmten Esel referieren, da das Antezedens nicht auf einen bestimmten Esel referiert – die Sätze machen ja recht allgemeine Aussagen über Bauern und ihre Esel. Die Anapher kann auch nicht koreferent mit ihrem Antezedens sein: *Jeder Bauer, der einen Esel besitzt, schlägt einen Esel* macht nicht dieselbe Aussage wie (13b), das wir so verstehen können, dass jeder Bauer (so gut wie) alle seine Esel schlägt. Die Anapher kann auch nicht eine Variable sein, die von *einen Esel*, wenn man diesen Ausdruck als Quantor analysieren würde, gebunden würde. Dazu müsste man dem Quantor Skopus über den ganzen Satz geben, was aber zu einer anderen Lesart führt: ›Es gibt einen Esel, den, wenn er einem Bauern gehört, dieser Bauer schlägt.‹ Wenn man schon mit Quantifikation arbeitet, dann müsste man mit Allquantifikation arbeiten, dies würde zu einer (mehr oder weniger) angemessenen Paraphrase führen: ›Für jeden Esel gilt, dass ein Bauer ihn schlägt, wenn er dem Bauern gehört.‹ Doch kann *ein Esel* ja kaum ein Allquantor sein: Man ersetze *einen Esel* versuchsweise durch *alle Esel*, und das Resultat ist ein Satz mit völlig anderer Bedeutung. (Die Probleme, die Eselssätze für die Analyse von Indefinita stellen, hat mit zur Individuenvariable+Restriktion-Analyse von Indefinita geführt – siehe oben § 7.4.)

Die Konstellation zwischen Antezedens und anaphorischem Ausdruck in Eselssätzen erinnert an das Verhältnis von E-Typ-Pronomen zu ihrem Antezedens. In der Tat lassen sich die Beispielsätze für diesen Pronomentyp in Eselssätze verwandeln, wie wir an (7) und (8) oben sehen können. Es liegt also nahe, die anaphorischen Ausdrücke in Eselssätzen ('Eselsanaphern') als E-Typ-Pronomen zu analysieren, also mithilfe von definiten Beschreibungen (genau dies hat Evans 1977 auch getan).

Doch geht diese Strategie nicht in allen Fällen so ohne weiteres auf. Analysiert man in (13b) *Jeder Bauer, der einen Esel besitzt, schlägt ihn* die Anapher in dieser Weise, ergibt sich eine Lesart, die nicht der Bedeutung von (13b) entspricht: ›Jeder Bauer, der einen Esel besitzt, schlägt, den Esel, den er besitzt.‹ Diese Lesart legt anders als (13b) nahe, dass jeder Bauer nur einen Esel besitzt.

Man beachte, dass das Antezedens in klassischen Eselssätzen wie (13a) und (13b) ein Indefinitum (*ein Bauer*, *ein Esel*), also kein Quantor ist (siehe § 7.4), während das Antezedens in den typischen Satzsequenzen mit E-Typ-Pronomen eindeutig Quantorenstatus hat.

Eselssätze können je nach dem lexikalischen Material, aus dem sie bestehen, unterschiedliche Arten von Interpretationen haben – starke oder schwache. Ein Satz wie *Jeder Bauer, der einen Esel besitzt, schlägt ihn* hat (zumindest für viele Sprecher) eine **starke Lesart** (auch: universelle Lesart), da er zu verstehen gibt, dass jeder Bauer (so gut wie) **alle** seine Esel schlägt – und nicht nur einen seiner Esel. Den Satz *Jeder, der eine 1-Euro-Münze in der Tasche hat, wird sie in die Parkuhr werfen* verstehen wir jedoch nicht so, dass jeder (so gut wie) alle seine 1-Euro-Münzen in die Parkuhr wirft. **Eine** 1-Euro-Münze tut es auch. Hier haben wir es mit der **schwachen Lesart** (auch: existenzielle Lesart) zu tun. Siehe Kanazawa (1994), Krifka (1996), Yoon (1996) und Geurts (2002) zu der Frage, welche Faktoren entscheidend sind, ob ein Satz eine starke oder eine schwache Lesart hat. Es gibt auch Eselssätze, die gleichzeitig eine starke wie eine schwache Lesart aufweisen:

(14) Jeder, der ein Buch online kauft und eine Kreditkarte hat,
bezahlt es mit ihr.

Gemeint ist, dass so gut wie **jedes** online gekaufte Buch mit **einer** Kreditkarte bezahlt wird (siehe King/Lewis 2018: § 4).

Für die Probleme, die Eselssätze stellen, gibt es sehr unterschiedliche Lösungsvorschläge. Es gibt Vorschläge, Indefinita als

Individuenvariablen plus Restriktion zu analysieren wie in der Diskursrepräsentationstheorie (siehe oben § 7.4), die Analyse von Evans zu modifizieren (Heim 1990, Neale 1990, Pafel 2005: § 4.3, Elbourne 2013: § 6), die Antezedentien (entgegen dem Augenschein) als Quantoren zu betrachten (Barker/Shan 2008) u.a.

8.4 Possessivpronomen

Meiner, *deiner*, *seiner* etc. sind **Possessivpronomen**. Sie sind Ausdrücke, die den Status von ganzen Nominalphrasen haben und nicht mit Adjektiven und Nomen kombiniert werden können: *Meiner ist weggelaufen* vs. **Meiner Hund* (/*meiner kleine*) *ist weggelaufen*. Die Ausdrücke *mein*, *dein*, *sein* etc. dagegen sind keine Pronomen, da sie wie Artikel mit Adjektiven und Nomen kombiniert werden müssen: *Mein Hund ist weggelaufen* vs. **Mein ist weggelaufen*. Sie werden **Possessive** genannt, sind eine Subklasse der Determinative (vgl. Karnowski/Pafel 2004).

Semantisch kann man bei Possessiven und ihren pronominalen Gegenstücken zwei Gruppen unterscheiden: solche mit Sprecher- und/oder Adressatenbezug und solche ohne einen solchen Bezug:

(15) a. mein(er), dein(er), unser(er), euer(er), Ihr(er)
b. sein(er), ihr(er)

Bei der ersten Gruppe gibt es eine indexikalische Komponente. *Mein Hund* können wir paraphrasieren als ›der Hund von mir‹, in irgendeiner Weise enthält *mein Hund* also das Personalpronomen der ersten Person. Es macht damit die indexikalische Komponente der Gruppe (15a) aus, dass sie ein Personalpronomen enthält.

Die zweite Gruppe enthält eine Anapher. Dies zeigt sich daran, dass bei dieser Gruppe der strikt/sloppy-Unterschied (§ 8.2) auftritt. Den folgenden Satz etwa können wir so verstehen, dass Emma dem Hund von Marie vertraut (strikte Lesart), aber auch so, dass sie ihrem eigenen Hund vertraut (Sloppy-Lesart):

(16) Marie vertraut ihrem Hund und Emma auch.

Dies erklärt sich daraus, dass *ihren Hund* analysiert werden kann als ›der Hund, der ihr gehört‹ und die darin enthaltene Anapher koreferent mit ihrem Antezedens ist oder von ihm gebunden wird.

Possessivpronomen bzw. Nominalphrasen mit einem Possessiv sind definite Beschreibungen von einem Gegenstand, der zum Referenten des Personalpronomens bzw. der Anapher in einer bestimmten Relation steht (z.B. in der Relation ›*x* gehört *y*‹).

Bei **Indefinitpronomen** (wie *einer*, *keiner*, *etwas*, *jemand*, *nichts*, *niemand*) handelt es sich um Existenzquantoren: ›Es gibt ein (bzw. kein) *x* derart, dass‹. So reagieren sie sensitiv auf die Negation – nur ein Beispiel: *Es ist einer nicht gekommen* und *Es ist nicht der Fall, dass einer gekommen ist* haben unterschiedliche Bedeutung. (Alleinstehendes *jede*, *alle*, *viele* etc. sind **keine** Indefinitpronomen!)

Auch **Interrogativpronomen** sind (wie interrogative Phrasen allgemein) Quantoren. Der Negationstest ist bei ihnen nicht anwendbar, dafür zeigt sich, dass sie koordinations- und quantorensensitiv sind. So ist „Wer hat gewonnen und wer verloren?" eine andere Frage als „Wer hat gewonnen und verloren?". So hat der Satz *Was hat jeder gemacht?* zwei Skopuslesarten: ›Sag mir von jedem, was er gemacht hat!‹ und ›Was ist es, das jeder gemacht hat?‹. Oft werden Interrogativpronomen als normale Existenzquantoren gedeutet, also beispielsweise *wer* als gleichbedeutend mit *einer* (siehe Karttunen 1977); doch gibt es Argumente dafür, dass es sich um einen besonderen Typ von Existenzquantor handelt (Pafel 2005: Kap. 5).

Relativpronomen (*der/die/das*, *welcher/welche/welches*, *wer* und *was*) werden in der logischen Semantik meist als Variablen behandelt (oder zumindest als etwas, das zu Variablen in einem engen Verhältnis steht). Es gibt aber auch Anzeichen dafür, dass es sich bei ihnen um Quantoren handeln könnte – sie sind beispielsweise koordinationssensitiv. So sind – ganz ähnlich wie bei den Sätzen eben mit interrogativen Phrasen – die beiden folgenden Sätze nicht gleichbedeutend:

(17) a. Sowohl wer gewinnt, als auch wer verliert, bekommt ein Glas Sekt.
b. Wer sowohl gewinnt als auch verliert, bekommt ein Glas Sekt.

Da wir es in diesem Paragraphen (§ 8.5) meist mit Quantoren zu tun haben, ist die Frage der semantischen Referenz nicht einschlägig. Doch kann, ich habe den Fall schon mehrmals erwähnt, unter speziellen Umständen Sprecher-Referenz vorliegen bei einem Indefinitpronomen. Max sagt zur gähnenden Marie: „Da ist aber jemand sehr müde" oder „Da ist irgendjemand aber sehr müde". In der Äußerungssituation ist beiden klar, dass Max mit dem Pronomen auf Marie Bezug nimmt, die epistemische Unspezifizität von *irgend* (vgl. oben § 7.1) führt nicht zu Unakzeptabilität, es handelt sich vielmehr um ein offenes So-Tun-als-ob.

Ein **Reflexivpronomen** wie in *Marie zieht sich an* scheint auf den ersten Blick koreferent mit seinem Antezedens zu sein. Die Person, die Marie anzieht, ist ja Marie selbst. Analog zu einem Satz ohne Reflexivpronomen: In *Marie zieht den kleinen Moritz an* ist die Person, die Marie anzieht, der kleine Moritz. Doch dazu passt nicht das Verhalten der Reflexivpronomen in Sätzen wie dem folgenden:

(18) Der kleine Moritz hat sich nicht angezogen, aber Marie.

Den Satz kann man so verstehen, dass Marie sich angezogen hat, während Moritz sich nicht angezogen hat. Bei dieser Lesart kann das Reflexivpronomen nicht koreferent mit seinem Antezedens sein, es kann nur als Variable gedeutet werden, so dass wir diese Lesart als Sloppy-Lesart bezeichnen können (Sloppy-Lesarten haben wir oben in § 8.2 bei den Anaphern kennengelernt). Nun scheint eine strikte Lesart des Satzes nicht möglich zu sein, der zufolge Moritz sich nicht selbst angezogen hat, dies aber Marie für ihn übernommen hat. Reflexivpronomen scheinen also gebundene Variablen zu sein. Dies wird auch dadurch nahegelegt, dass ein Quantor ein Antezedens zu einem Reflexivpronomen sein kann (*Jeder muss sich jetzt ganz schnell anziehen*).

Es gibt aber auch Fälle, wo ein Reflexivpronomen offensichtlich koreferent verwendet wird – wie in dem folgenden Satz:

(19) Moritz hat sich nicht angezogen, weil Marie das tun wollte.

Diesen Satz verstehen wir so, dass Marie Moritz anziehen wollte – der Satz hat also eine strikte Lesart. (Durch die Hinzufügung einer Negation in den Nebensatz erhalten wir übrigens wieder einen Satz, der sloppy interpretiert werden kann: *Moritz hat sich nicht angezogen, weil Maria das auch nicht tun wollte.*)

Wie Anaphern sind Reflexivpronomen prinzipiell also sowohl koreferent wie gebunden verwendbar, obgleich die Verwendung als gebundene Variable die ‚normale' zu sein scheint (siehe Hestvik 1995 und Kehler 2002 zu den Gründen, wann strikte Lesarten möglich sind).

Wenn Marie Moritz tröstet und Moritz Marie tröstet, so kann man den Sachverhalt auch so beschreiben: *Marie und Moritz trösten einander* – also mithilfe des **Reziprokpronomens** *einander*. Wie das Reflexivpronomen braucht ein Reziprokpronomen ein Antezedens und scheint den Status einer Ergänzung bzw. eines Arguments (hier zum Verb *trösten*) zu haben. Wir können die Bedeutung des Satzes wiedergeben mit ›Jeder von den beiden tröstet den anderen‹ (vgl.

Marie und Moritz trösten jeweils den anderen). Nehmen wir noch eine dritte Person hinzu:

(20) Marie, Moritz und Max trösten einander.

Diesen Satz können wir ganz natürlich so verstehen, dass jeder von den dreien die anderen zwei tröstet. Wenn ein reziproker Satz eine Lesart der Art hat ›Jeder einer Gruppe steht zu den anderen aus dieser Gruppe in einer bestimmten Relation‹, dann hat der Satz eine **vollsymmetrische Lesart**.

Einen Satz wie *Die Mitglieder der Fakultät schätzen einander* müssen wir aber nicht vollsymmetrisch verstehen. Der Satz ist auch dann wahr, wenn sich die Fakultätsmitglieder in Teilgruppen zerlegen lassen, innerhalb derer sich die Leute gegenseitig schätzen. Wenn ein reziproker Satz eine Lesart der Art hat ›Jeder einer Gruppe gehört einer Teilgruppe (dieser Gruppe) an, innerhalb derer jeder zu den anderen aus dieser Teilgruppe in einer bestimmten Relation steht‹, dann hat der Satz eine **teilsymmetrische Lesart**. Es ist jedoch nicht so klar, dass es sich hier um eine eigene Lesart handelt. Es könnte auch die vollsymmetrische Lesart vorliegen, nur dass das Prädikat *einander schätzen* lediglich auf eine Teilmenge der Mitglieder zutrifft. Dies ist bei Definita im Plural nichts Ungewöhnliches – siehe: *Die Reporter stellten auf der Pressekonferenz Fragen.*

Doch einen Satz wie *Die Teller stehen aufeinander* können wir weder voll- noch teilsymmetrisch verstehen (dazu müsste ein Teller sowohl auf wie unter einem anderen Teller stehen – man nehme eine Situation, in der von drei Tellern die Rede ist und spiele das Schema für die vollsymmetrische Lesart durch). Der Satz ist ganz natürlich wahr in einer Situation, in der jeder Teller (mit Ausnahme des untersten Tellers) auf anderen Tellern steht. Wenn ein reziproker Satz eine Lesart der Art hat ›Jeder einer Gruppe steht zu einer Teilgruppe (dieser Gruppe) in einer bestimmten Relation‹, dann hat der Satz eine **asymmetrische Lesart**.

Was die Möglichkeit dieser verschiedenen Typen von Lesarten für die semantische Analyse des Reziprokpronomens bedeutet, liegt nicht auf der Hand (siehe dazu die – leider nicht immer leicht zu lesende Fachliteratur – Heim/Lasnik/May 1991, Moltmann 1992, Dalrymple et al. 1994, Beck 2001, Evans (Hgg.) 2011). Reziprokpronomen sind keine Quantoren nach den Kriterien von § 1.3. Wie man an der Paraphrase für die vollsymmetrische Lesart bereits sieht (›Jeder einer Gruppe steht zu den anderen aus ihr (= der Gruppe) in einer bestimmten Relation‹), kann man Reziprokpronomen möglicherweise als definite Beschreibungen analysieren (›die anderen aus ihr‹), die ein anaphorisches Element aufweisen (›ihr‹), das sich ähnlich wie ein Reflexivpronomen zu verhalten scheint (Bindung als Normalfall: *Die Meiers helfen einander und die Müllers auch*).

Auch Reflexivpronomen können reziprok verstanden werden. *Marie und Moritz lieben sich* kann man so verstehen, dass Marie Moritz und Moritz Marie liebt. Siehe auch: *Marie und Moritz trösten sich gegenseitig* mit dem reziproken Adverbial *gegenseitig*.

8.7 Unpersönliche (und impersonale) Pronomen

Man/einen/einem und *du* werden bzw. können ‚generisch' verwendet werden wie in den folgenden Beispielsätzen:

(21) a. Da kann man machen, was man will.
b. Als kleiner Angestellter kannst du machen, was du willst – niemand hört auf dich.
c. Die sagen einem doch eh nie, wie sie einen einschätzen.

Man kann noch *unsereiner* anführen, selbst für *ich* ist eine generische Verwendung dokumentiert (siehe Zobel 2010, 2014):

(22) Wenn ich als Mannschaft gewinnen will, dann muss ich auch mit breiter Brust auf den Platz gehen und dem Gegner zeigen, wer hier nach 90 Minuten als Sieger das Feld verlassen wird. Ich muss mich wehren.

Mit diesen Pronomen nimmt man in (21) und (22) nicht auf konkrete Menschen Bezug, sondern redet ‚generisch' über eine mehr oder weniger klar umrissene Personengruppe. Die naheliegende Bezeichnung ‚generische Pronomen' ist allerdings nicht wirklich treffend, wie wir gleich sehen werden. Im Englischen hat sich die Bezeichnung *impersonal* (*human*) *pronouns* etabliert, was wir wiedergeben können mit **‚unpersönliche Pronomen'**. Zu diesem Pronomentyp gehören **nicht** die semantisch leeren **impersonalen Pronomen**, d.h. im Deutschen das impersonale *es* (wie in *Es regnet*), das Vorfeld-*es* (wie in *Es kamen einige Freunde zu Besuch*) und das impersonale *sich* (wie in *Sie schämt sich*), die alle keine Referenz aufweisen.

Betrachten wir nun *man* noch etwas genauer. *Man* ist die Nominativform, *einen* und *einem* die Akkusativ- bzw. Dativform. Syntaktisch hat es die Merkmale Maskulinum, Singular und Definitheit und kann nicht durch Attribute oder Appositionen erweitert werden – einzig mit *selbst* kann das Pronomen kombiniert werden: *Man selbst gönnt sich ja nichts* (siehe Zifonun 2000: 236). Semantisch bezieht man sich mit *man* immer auf Menschen (bzw. Personen). Es gibt nun neben der ‚generischen' auch eine ‚partikuläre' Verwendung, d.h. *man* kann in episodischen Sätzen verwenden werden, wo die

Personengruppe, auf die Bezug genommen wird, recht genau angegeben werden kann:

(23) a. Man fiel über ihn her, wobei man seine Ideen gnadenlos zerpflückte. [*man* = die Zuhörer]
b. Zwei maskierte Männer brachen in das Zimmer ein. Erst untersuchte man den Schreibtisch, dann wühlte man im Kleiderschrank umher. [*man* = die zwei maskierten Männer]
c. Es ist ja eine Ewigkeit her, dass man sich nicht gesehen hat. [*man* = *wir*] (Dimova 1981)

(Das erste *man* in (23b) sieht wie eine anaphorische Verwendung von *man* aus.) In diesen Sätzen scheint das Pronomen eine plurale definite Beschreibungen bzw. eine Personalpronomen zu sein:

(24) a. Die Zuhörer fielen über ihn her, wobei sie seine Ideen gnadenlos zerpflückten.
b. Zwei maskierte Männer brachen in das Zimmer ein. Erst untersuchten die zwei Männer den Schreibtisch, dann wühlten sie im Kleiderschrank umher.
c. Es ist ja eine Ewigkeit her, dass wir uns nicht gesehen haben.

Die Pluralität von *man* zeigt sich auch bei der Kombination mit einem Reziprokpronomen: *Man muss einander vertrauen*. Es gibt allerdings auch Beispiele, wo mit *man* nur auf eine Person Bezug genommen zu werden scheint (Beispiele aus Dimova 1981):

(25) a. Ein junger Mann kam an meinem Tisch vorbei. Er stellt sich vor und will wissen, wie man heißt, was man so tut.
b. [*Ein Elternteil zum Sohn:*] Ist man mal wieder zu faul.

Nun gibt es allerdings episodische Sätze, wo *man* nicht durch ein Definitum oder ein Personalpronomen ersetzt werden kann:

(26) Man hat mir (nicht) mein Fahrrad gestohlen.

Hier wird das Pronomen ‚indefinit' verwendet: ›Jemand (/niemand) hat mir mein Fahrrad gestohlen.‹ *Man* verhält sich hier wie ein unspezifisches Indefinitum (siehe § 7.2), da es von der Negation erfasst wird und im Skopus von Quantoren steht (*Man hat mir schon oft das Fahrrad gestohlen*). Allgemein verhält sich *man* generisch wie partikulär nicht wie ein Quantor, es ist weder negations-, noch koordinations-, noch quantorensensitiv.

Bei *man* in generischen Sätzen kann die Personengruppe, auf die man sich bezieht, sehr unterschiedlich umfangreich sein (vgl. Zifonun 2000). *Man entgeht dem Tod nicht* ist ein Beispiel für den umfangreichsten Bezug. Oft hat man bei einer Paraphrase die Wahl zwischen einem Definitum und einem Indefinitum:

(27) Was weiß man über Grönlandwale?
= Was wissen (die) Leute, die sich mit Grönlandwalen auskennen, über Grönlandwale?

(28) Wie zerlegt man einen Fisch professionell?
= Wie zerlegen (die) Leute, die einen Fisch zerlegen wollen, einen Fisch professionell?

Dieses generische (In)Definitum kann man nun in der, was Generizität angeht, bevorzugten Weise interpretieren (vgl. § 7.5).

Es gibt noch eine besondere Verwendung von *man*, von Dimova (1981) „abstrahierend“ genannt, wo kein Bezug auf Personen vorliegen muss: *In den Straßen der Großstadt sah man niemanden. Bis zu den Teichen geht man ein halbe Stunde.*

Interessant ist auch noch, dass man, wenn man auf *man* oder *unsereiner* anaphorisch Bezug nehmen will, man den gleichen Ausdruck wiederverwenden muss – sie können m.a.W. nicht Antezedens einer Anapher sein (**Da kann* man_1 *machen, was* er_1 *will*). Dies ist übrigens auch bei den Personalpronomen der Fall (*Wenn ich glaube, dass ich etwas nicht schaffe*).

8.8 Pronomen im Überblick

Wir können nun die verschiedenen Verwendungsweisen von Pronomen zusammenfassen. Die Hauptunterscheidung ist die, ob die Pronomen ein Antezedens haben und **anaphorisch** verwendet werden oder ob dies nicht der Fall ist. Im zweiten Fall redet man davon, dass sie **exophorisch** verwendet werden. Dazu gehören die Pronomen, die indexikalisch bzw. deiktisch verwendet werden, die unpersönlichen Pronomen sowie die quantifikationell verwendeten. Bei den anaphorischen Verwendungen haben wir die koreferente und die gebundene Verwendung unterschieden.

Pronomen				
exophorisch			anaphorisch	
deiktisch (Personal-, Demonstrativpronomen)	**unpersönlich** (*man*, *unsereiner*)	**quantifikationell** (Indefinit-, Interrogativpronomen)	**koreferent** (Anaphern, Reflexivpronomen)	**gebunden** (Anaphern, Reflexivpronomen)

Tabelle 2: Taxonomie von Pronomenverwendungen

Wir haben auch gesehen, dass ein und dasselbe Pronomen unterschiedlich verwendet werden kann. Bei den Anaphern war dies am deutlichsten. Es ist offen, wie Possessiv- und Reziprokpronomen in diese Taxonomie passen, da sie eine Bedeutung haben, die ein exo- oder anaphorisches Element als Teil enthält.

Ob man – abgesehen von der quantifikationellen Verwendung – alle anderen Verwendungen als referenziell bezeichnen kann, ist theorieabhängig. Mit deswegen, weil viele Pronomenverwendungen als definite Beschreibungen analysiert werden können.

Aufgabe 8: Was für Pronomen bzw. Pronomenverwendungen liegen in den folgenden Sätzen jeweils vor?

(1) Doch wer das erlebt hat, erschrickt vor nichts mehr.
(2) Jeder, der auf ein Problem stößt, soll es augenblicklich melden.
(3) Ich habe sehr viele, fast zu viele, gefunden, trotzdem habe ich sie alle gekauft.
(4) In so einem Fall muss man sich fragen, ob man sich noch aufeinander verlassen kann.
(5) Aber was ist das, auf das wir uns dabei beziehen?

Grundbegriffe: Anaphorische Beziehung, Antezedens, Bindung, Deixis, Indexikalität, Koreferenz, (gebundene) Variable.

Weiterführende Literatur: Zu Indexikalität: Bühler ([1934] ^{2}1965), Kaplan ([1977] 1989), King/Lewis (2018), Reichenbach (1947: §§ 50, 51). Zu *man*: Zifonun (2000).

Literatur (Auswahl)

Eine ausführliche Bibliographie finden Sie auf der KEGLI-Homepage (www.kegli-online.de).

Abbott, Barbara (2010): Reference. Oxford: Oxford University Press.
Bach, Kent (2006): What does it take to refer? In: Lepore, Ernest/Smith, Barry (Hgg.): The Oxford handbook of philosophy of language. Oxford: Clarendon Press, 516–554.
Bianchi, Andrea (Hg.) (2015): On reference. Oxford: Oxford University Press.
De Ponte, María/Korta, Kepa (Hgg.) (2017): Reference and representation in thought and language. Oxford: Oxford University Press.
Dickie, Imogen (2015): Fixing reference. Oxford: Oxford University Press.
Donnellan, Keith (1966). Reference and definite descriptions. In: The Philosophical Review 75, 281–304.
Evans, Gareth (1982): The varieties of reference. Oxford: Clarendon Press.

Frege, Gottlob (1892): Über Sinn und Bedeutung. In: Zeitschrift für Philosophie und philosophische Kritik 100, 25–50. [Abdruck in: Frege: Funktion, Begriff, Bedeutung. Fünf logische Studien. Göttingen: Vandenhoeck & Ruprecht [8]2008, 23–46. Sowie in: Frege: Kleine Schriften. Hildesheim: Olms [2]1990, 143–162.]

Geach, Peter Thomas ([1962] [3]1980): Reference and generality. An examination of some medieval and modern theories. Ithaca/London: Cornell University Press.

Gundel, Jeanette/Abbott, Barbara (Hgg.) (2019): The Oxford handbook of reference. Oxford: Oxford University Press.

Hawthorne, John/Manley, David (2012): The reference book. Oxford: Oxford University Press.

Kripke, Saul A. ([1977] 1979): Speaker's reference and semantic reference. In: French, Peter A./Uehling, Jr., Theodore E./Wettstein, Howard K. (Hgg.): Contemporary perspectives in the philosophy of language. Minneapolis: University of Minnesota Press, 6–27.

Michaelson, Eliot/Reimer, Marga (2019): Reference. In: Zalta, Edward N. (Hgg.): The Stanford encyclopedia of philosophy (spring 2019 edition). [https://plato.stanford.edu/archives/spr2019/entries/reference/].

Mill, John Stuart (1843): A system of logic, ratiocinative and inductive, being a connected view of the principles of evidence, and the methods of scientific investigations. Vol. I. London: Parker.

Pafel, Jürgen (2017): Referenz, Sinn und Bedeutung in einer Neo-Frege-semantik. In: Misselhorn, Catrin/Pompe-Alama, Ulrike/Ramming, Ulrike (Hg.): Sprache, Wahrnehmung und Selbst. Neue Perspektiven auf Gareth Evans' Philosophie. Münster: Mentis, 21–34.

Recanati, François (2018): Contextualism and singular reference. In: Collins, John/Dobler, Tamara (Hgg.): The philosophy of Charles Travis: Language, thought, and perception. Oxford: Oxford University Press.

Russell, Bertrand (1905): On denoting. In: Mind 14, 479–493. [Dt.: Über das Kennzeichnen. In: Russell, Philosophische und politische Aufsätze. Stuttgart: Reclam 1971, 3–22.]

Strawson, Peter F. (1950): On referring. In: Mind 59, 320–344. [Dt.: Über Referenz. In: Wolf, Ursula (Hg.): Eigennamen. Dokumentation einer Kontroverse. Frankfurt a.M.: Suhrkamp 1985, 94–126.]

Glossar

Allquantor: Ausdruck mit der Bedeutung ›Für jedes *x* gilt, dass‹ (formal: $\forall x$).

Anaphern: Ausdrücke wie *er*, *sie*, *es* im Deutschen.

Antezedens: Ausdruck, der die Referenz eines anaphorischen Ausdrucks bestimmt.

Äußerungskontext: Besteht aus den Sprecher sowie Adressat situativ und allgemein bekannten Gegenständen.

Bekanntschaft: Liegt vor, wenn man von einem Gegenstand (direkt oder indirekt) Informationen erhalten hat.

Bindung: Verhältnis einer Variablen zu ihrem Antezedens.

Direkte Referenz: Der Referent eines Ausdrucks gehört zur Proposition (s. auch Rigidität).

Existenzquantor: Ausdruck mit der Bedeutung ›Es gibt ein *x* derart, dass‹ (formal: $\exists x$).

Gattungsprädikation: Aussage, die (in)direkt über eine Gattung (Typ, Art, Sorte) geht.

Gemeinsamer Wissenshintergrund (*common ground*): Besteht aus dem Äußerungskontext plus dem allgemeinen und speziellen gemeinsamen Wissen der Gesprächsteilnehmer.

Indexikalität (auch: **Deixis**): Eigenschaft von Ausdrücken, die darin besteht, dass deren Bedeutung einen Bezug auf die Äußerungssituation aufweist.

Individuativum: Nomen (= Substantiv), das auf Einzeldinge zutrifft (*count noun*).

Kontinuativum: Nomen (= Substantiv), das auf Substanzen (vereinzelt auch: Kollektive) zutrifft (*mass noun*).

Koreferenz: Zwei Ausdrücke, die in einer anaphorischen Beziehung zueinanderstehen, sind referenzgleich.

Negator: Ausdruck mit der Bedeutung ›Es ist nicht der Fall, dass‹ (formal: $\neg$).

Nomen Proprium: Substantiv, das der Name eines Gegenstandes ist.

Pluralität: Eine Vielheit bzw. Menge von Einzeldingen.

Prädikat: Ausdruck, der auf Gegenstände (nicht) zutrifft.

Prädikation: Ausdruck (meist: Satz), der einen Sachverhalt ausdrückt.

Rigidität: Ein rigider Ausdruck bezeichnet außerhalb und innerhalb eines modalen Kontextes dasselbe. Genauer: Er bezeichnet in jeder möglichen Welt (in der er existiert) dasselbe (s. auch direkte Referenz).

Salienz: Relative Auffälligkeit bzw. Relevanz der den Gesprächsteilnehmern bekannten Gegenstände.

Skopus: Bereich, auf den ein Quantor bzw. Operator sich bezieht. Kann in einer Paraphrase durch einen *dass*-Satz sichtbar gemacht werden: ›Für jedes *x* gilt, dass *x* sie kennt‹ macht den Skopus von *jeder* deutlich in *Jeder kennt sie.*

Skopusambiguität: Ambiguität, die darauf zurückzuführen ist, dass Quantoren unterschiedlichen Sko-pus haben können. Zum Beispiel ist *Einer kommt immer zu spät* skopusambig: ›Es gibt einen, der kommt immer zu spät‹ vs. ›Immer ist es der Fall, dass es einen gibt, der zu spät kommt‹.

Term: Ausdruck, der einen oder auch mehrere Gegenstände bezeichnet.

Sachregister